JN074704

いまこそ
再認識！

資金繰りと
キャッシュフロー

税理士 松田 修 著

税務研究会出版局

はしがき

　新型コロナウイルスの影響により、売上が激減、賃料も払えず、資金がショートするなどの危機に直面している企業が増加しています。

　政府や民間による融資や助成金など支援策も次々と出されていますが、企業自体も「借入金はどのぐらい必要なのか」「資金がショートするまでの期間はどれくらいか」「来期以降、借入金を返済していけるか」など、自社のお金の流れを把握し、対策を講じることがこれまで以上に重要になってきています。

　本書はこのような資金繰り、キャッシュフローに焦点を当て、資金繰りの基礎から資金繰りに関係する経営分析、キャッシュフロー計算書の見方、資金運用表や資金移動表（資金収支計算書）、資金繰り表の作成方法を実際の数字を使って解説しています。

　また、「事業計画書」から「資金繰り予測表」を作成する具体的方法を実際の数字を使って説明しています。

　さらには、予測不可能な事態が起こったときにも困らないよう、会社のお金の流れを把握するため、資金繰り予測表を変更してどのように活用するかについてもわかりやすく解説しました。また、資金繰りを改善するための具体的な対策も説明するとともに、融資を受けてからの資金繰り表の活用法なども取り上げています。

　本書を参考にすれば、金融機関からの借入時にも困らない、しっかりした資金繰り表やキャッシュフロー計算書を作成できます。

　そして、資金繰り表や事業計画書、資金繰り予測表などの資料はすべて「エクセルファイル」でダウンロードできますので実務にすぐに活用いただけます。

本書が資金繰り、キャッシュフローにお悩みの方の少しでも手助けになれば著者としてこれに過ぎたる喜びはありません。

　最後に本書出版にあたり、株式会社　税務研究会の桑原妙枝子様はじめ関係者の方にはひとかたならぬお世話になりました。ここに心から御礼申し上げます。
令和2年10月

税理士　**松田　修**

目　次

第3章　キャッシュフロー計算書

※ 本書内に記載されている商品名、製品名などは一般に各社の登録商標又は商標です。また、本文中では ®、™ マークは明記しておりません。

第1章　資金繰りとキャッシュフローの再認識

(1) 資金繰り、キャッシュフローの重要性

　会社にとっても、社長にとっても、従業員にとっても、最も不幸なことは会社が倒産することです。その会社で働く従業員の家族も、仕入れ先などの取引先も同時に不幸に見舞われます。

　会社の「倒産」とは、会社に現金預金（キャッシュ）がなくなることです。社長など経営陣の最大の望みは倒産の心配なく会社が順調に発展していくことではないでしょうか。

　社長や経営陣の方に「経営上の一番の心配は何ですか？」と質問しますと、返ってくる答えで一番多いものは「会社の現金預金（キャッシュ）がなくなること」、又は「現金預金（キャッシュ）が少なくなること」です。

　そうです。会社にとって一番の悩みはお金の悩み、資金繰りの悩みなのです。

　私も会社を経営していますが、確かに会社の現金預金（キャッシュ）が少なくなった時が一番不安になります。私は税理士であり、会計の専門家なので、簿記会計も決算書も一般の方よりも知識が豊富ですが、それでも経営で一番大切なのは現金預金（キャッシュ）だと思います。会社の預金通帳のお金が十分にある時は自信を持って経営に専念できますが、預金通帳の残高が少なくなると、とたんに恐怖に襲われます。

　次に、現金預金（キャッシュ）が多い会社のメリット、現金預金（キャッシュ）が少ない会社のデメリットをみてみましょう。

○現金預金（キャッシュ）が多い会社のメリット
- ・社長、経営幹部、従業員が元気で安心して経営にあたれる
- ・現金預金（キャッシュ）に余裕があるので長期的視野で経営にあたれる
- ・売上を増やすための広告宣伝費などを使える
- ・必要な固定資産を購入又はリースすることができる

○現金預金（キャッシュ）が少ない会社のデメリット
・常に倒産の恐怖に怯え、会社の雰囲気も暗くなる
・現金預金（キャッシュ）に余裕がなく長期的視野で経営にあたれないので、どうしても短期的、行き当たりばったりの経営になる
・てっとり早くお金がほしいので、過度の値引き販売を行う
・広告宣伝など販売促進にお金が使えないため新規のお客が増えない
・固定資産（店舗や備品）も古いままで、やがてお客も来なくなる

いかがですか？

やはり現金預金（キャッシュ）に余裕がないと会社はどんどん活力がなくなってしまいますね。逆に現金預金（キャッシュ）に余裕がありますと長期的視野で経営できますので、この差は非常に大きなものになります。まして、この差が5年、10年続いたら……と想像するだけでも恐ろしくなります。

① **現金預金（キャッシュ）があれば、会社は潰れない**

極論ですが、赤字だけでは会社は潰れません。もちろん、赤字が何年も続き、現金預金（キャッシュ）がなくなってしまえば倒産します。しかし、赤字だけでは倒産しません。たとえば、赤字でも潰れない会社の例として次のような二つのパターンがあります。

イ　社長一族で経営している小さな会社で、社長が役員報酬をガンガン取り、会社は赤字になっている。会社のお金が足りない時は社長が会社に貸し付ける。

ロ　親会社が優良で子会社が赤字になっても資金援助してもらえる。

逆に「黒字倒産」という言葉があるように会社が黒字（利益を出している）の場合でも、会社に現金預金（キャッシュ）がなくなると会社は潰れてしまいます。

このように会社が倒産するというのは、利益うんぬんの問題ではなく「会社に現金預金（キャッシュ）がなくなった状態」をいいます。

会社は赤字だけでは潰れない
しかし、黒字でも倒産することはある

＜黒字倒産の例＞
・多額の固定資産の購入、又は過大な設備投資
・急成長による運転資金の増大
・不良在庫の発生
・不良売掛金の発生
・得意先倒産による連鎖倒産
・借入金の過大返済　　など

いかがですか？
会社にとってもちろん利益も重要ですが、現金預金（キャッシュ）の重要性も再認識していただけたと思います。

本書では、「資金繰りに影響を与える経営分析」「資金繰り表、資金運用表などの作成」「キャッシュフロー計算書」「資金繰り予測表の作成」などを通じて資金繰り・キャッシュフローをさらに深堀りしていきたいと思います。

(2)　現金預金が増加する原因、減少する原因

「キャッシュフロー（資金繰り）を良くする、悪くする四つの原因」について解説したいと思います。
最初に問題を出します。
皆さんが社長など経営幹部から「半年先の資金繰りが厳しいから、現金預金を増やす方法、又は現金預金が減らない方法を考えてほしい。」と言われ

たとします。

　さて、現金預金を増やす方法、現金預金が減らない方法はいくつもありますが、皆さんはいくつ挙げられますか。

　是非ここで続きを読むことを一旦中断して、その方法を紙に書いてみてください（実務上、可能かどうかは無視して、考えつく方法をできるだけ多く書いてください。）。

　いかがですか？

　皆さんは、いくつの方法を列挙できたでしょうか？

　ここで皆さんが紙に書いたことをもう一度確認してください。どのような方法を考えたとしても、キャッシュフロー（資金繰り）を良くする原因は、下記のように四つに分類されます。

①　キャッシュフロー（資金繰り）を良くする四つの原因

イ　利益を出す

・売上を上げる　・売上原価、経費を削減する（役員報酬を下げる、家賃の安い所に移る、電気代を節約する、消耗品などを無駄にしない、リストラなど）　・受取利息、受取配当金を増やす　・支払利息、割引料を減らす　助成金をもらう　節税　　など

ロ　現金預金以外の資産を減らす

・売掛金の回収　・在庫の圧縮　・有価証券の売却　・受取手形の割引、裏書譲渡
・土地など固定資産の売却　・敷金の解約　・保険の解約　・前払費用を減らす　　など

ハ　負債を増やす

・借入れ　・支払手形の発行　・支払手形のジャンプ　・買掛金、未払金の支払いを延ばす　・社債の発行　・リスケジュール（借入金元本の支払猶予）　　など

ニ　増資

これとは逆にキャッシュフロー（資金繰り）を悪くする原因は、以下のように四つに分類されます。

② キャッシュフロー（資金繰り）を悪くする四つの原因

イ 損失（赤字）を出す

ロ 現金預金以外の資産を増やす
・売掛金、受取手形の増加　・在庫の増加　・機械、備品、車両の購入など設備投資
・本社の土地、建物の購入　・営業保証金の支払い　・保険積立金の増加など

ハ 負債を減らす
・借入金の返済　・支払手形の決済　・買掛金、未払金の支払い　・社債の償還　など

ニ 自社株の取得、株主配当金の支払い、払戻し減資

③ なぜ資金繰り（キャッシュフロー）は四つに分類されるか？

簿記ではすべての勘定科目を次の五つに分類しています。損益計算書（P/L）は「収益」と「費用」グループ、貸借対照表（B/S）は「資産」、「負債」と「純資産」グループに分類されます。

キャッシュフロー（資金繰り）を良くする四つの原因の「イ　利益を出す」の項目に入っているのは「収益」と「費用」グループになりますので、一つ目の要素は損益計算書（P/L）の内容になります。

キャッシュフロー（資金繰り）を良くする四つの原因の「ロ　現金預金以外の資産を減らす」「ハ　負債を増やす」「ニ　増資」は貸借対照表（B/S）の「資産」「負債」「純資産」の内容になります。

以上の説明のように　簿記ではすべての勘定科目は「収益」「費用」「資産」「負債」「純資産」の五つに分類されます。会社のお金の出入りを表しているのが簿記ですので、資金繰り（キャッシュフロー）を良くする原因は四つに集約することができるのです。

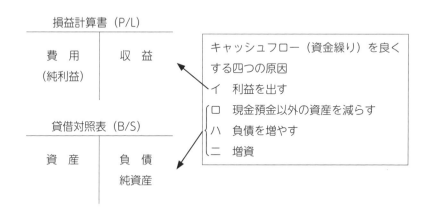

損益計算書（P/L）

費　用 （純利益）	収　益

貸借対照表（B/S）

資　産	負　債 純資産

キャッシュフロー（資金繰り）を良くする四つの原因
イ　利益を出す
ロ　現金預金以外の資産を減らす
ハ　負債を増やす
ニ　増資

④　利益が出ても現金預金がないのはなぜか？

　決算や月次で、社長に「今期（先月）は1,000万円の利益が出ました。」と報告すると社長のなかには「1,000万円の利益が出たというが、そんなにお金は残っていない。なぜですか？」と質問をする人がいます。
　理由はもうおわかりだと思いますが、キャッシュフロー（資金繰り）は、解説しましたように「利益（損失）」を含めて四つの原因により決定されるからです（非上場の中小企業で増資や減資、株主配当金の支払いがない場合にはそれ以外の三つの原因で資金繰りが決定されます。）。
　利益が出ても資金繰りが苦しいケースの一つ目は、「利益」以上に「現金預金以外の資産が増加」している場合です。
　具体的には、得意先の倒産などにより回収できない不良売掛金が増大したケース、売れない商品など不良在庫が増大したケース、本社ビルや工場の建設、新規出店や設備投資などを利益以上に行っているケースが当たります。
　利益が出ても資金繰りが苦しいケースの二つ目は、「利益」以上に「借入金の返済など負債が減少」している場合です。

以前、ある社長から「利益が出ているけれども資金繰りが苦しい。原因を調べてほしい」というご相談がありました。早速「決算書」を分析してみますと、「借入金」の返済が多すぎることが原因でした。

　この社長は「借金」が嫌いで早く返済しようと「返済期間」を短く設定していました。会社の業績が良い時は利益も多く計上され、この計画でも借入金を返済することができましたが、会社の業績が落ち、以前ほど利益が上がらなくなってきますと、この返済計画では「利益」以上に借入金を返済しているため資金繰りが苦しくなっていました。

　そこで金融機関にお願いして現在の「利益」でも借入金が返済できるような返済計画に見直してもらうようアドバイスしました（具体的には、返済期間を延ばしてもらうことになります。これを「リスケジュール」、略して「リスケ」と呼んでいます。）。

⑤　キャッシュフロー（資金繰り）を良くする四つの原因の優先順位

　最後に「キャッシュフロー（資金繰り）を良くする四つの原因」の優先順位について確認しましょう。

　皆さんはキャッシュフロー（資金繰り）を良くする四つの原因に優先順位をつけるとしたら、どのようになると思いますか。

　正解は、次の順番です。
　1．利益を出す
　2．現金預金以外の資産を減らす
　3．増資
　4．負債を増やす

　何と言っても一番目は「利益を出すこと」です。

　二番目の現金預金以外の資産を減らす（又は増やさない）も重要です。しかし、期日前の売掛金は回収できませんし、店舗であれば一定の在庫も必要です。また、会社には建物、機械、備品などの固定資産も必要になりますので、「現金預金以外の資産を減らす」ことにはおのずと限度があります。

　また、三番目の「増資」は良い方法ですが、非上場会社では、オーナーの

出資には限度がありますし、第三者に出資してもらうことは経営権の面で不安ですので、残念ながらこの方法は非上場会社では現実的ではありません。

四番目の「負債を増やす」は、つけをあとに残します。もちろん資金が不足する場合、銀行など金融機関から借入れをすることは必要ですが、できれば避けたい方法です（設備資金で借りるときは「減価償却費」との関係に注意してください。こちらの説明は「第2章　資金繰りを良くする着眼点」のなかで説明したいと思います。）。

繰り返しになりますが、「キャッシュフロー（資金繰り）を良くする四つの原因」のなかで「利益を出す」以外の方法は、限界があったり、つけをあとに残しますので、会社が利益を計上できないとやがて資金繰りに行き詰まってしまいます（バブル景気までは、土地価額が上昇していましたので、土地を担保して金融機関から借入れをして、最悪、経営状態が悪化した場合には、土地を処分して借入金を返済することができましたが、現在のデフレ経済のもとではこの方法は難しくなっています。）。

(3)　決算書から現金預金（キャッシュ）の増減の要因を見る

①　決算書から現金預金（キャッシュ）の増減の要因を見る

次に、キャッシュフロー（資金繰り）が上記四つの原因で動いているかを「決算書」を使って1年間のキャッシュフロー（現金預金の増減）を計算することにより検証してみましょう。

決算書（図表1）を見てください（損益計算書、株主資本等変動計算書は一部を記載してあります。また計算事例なので数字は簡素化してあります。）。

これはある会社の第1期と第2期の決算書です。これを使って第2期のキャッシュフロー（現金預金の増減）を一緒に計算してみたいと思います。

最初に現金預金の増減を計算してみましょう。

第1期の現金預金は、150百万円、第2期の現金預金が100百万円ですので、それぞれ（図表2）の現金預金の第1期、第2期の個所に記入し増減を計算してください。増減は第2期の現金預金から第1期の現金預金をマイナスしますので、△50百万円（第2期現金預金100百万円－第1期現金預金150

図表1

（第1期）

貸借対照表（B/S）　　　（百万円）

現金預金	150	買掛金	50
売掛金	120	借入金	100
商品	80	（純資産）	200
資産合計	350	負債・純資産合計	350

（第2期）

貸借対照表（B/S）　　（百万円）　　損益計算書（P/L）

現金預金	100	買掛金	40	当期純利益	200百万円
売掛金	200	借入金	80		
商品	130	（純資産）	360	**株主資本等変動計算書**	
車両運搬具	50				
資産合計	480	負債・純資産合計	480	支払配当金	40百万円

百万円）と計算されます（図表3が解答になります。）。

　第2期は現金預金が50百万円減少していることがわかります。

　次にキャッシュフロー（資金繰り）が良くなる原因の一つである「利益」について見てみましょう。第2期の損益計算書（P/L）の「当月純利益」は200百万円ですので図表2の当期純利益も第2期の箇所に記入します。

　ここまでのところで、この会社の第2期は当期純利益200百万円が出ましたが、現金預金は逆に50百万円も減少したことがわかりました。このような「決算書」を税理士や経理担当者が何も説明しないまま持っていきますと、社長は「なぜ利益が出ているのに現金預金は減っているのか？」と疑問を感じてしまいますので、次から扱う説明を社長にしっかり行ってください。

次にキャッシュフロー（資金繰り）に影響を与える原因の二番目「現金預金以外の資産」がどうなっているか見ていきましょう。

　第1期の現金預金以外の資産は、資産合計の350百万円から現金預金の150百万円をマイナスして200百万円（資産合計350百万円－現金預金150百万円）、第2期の現金預金以外の資産は、資産合計の480百万円から現金預金の100百万円をマイナスして380百万円（資産合計480百万円－現金預金100百万円）と計算されますので、それぞれ（図表2）の現金預金以外の資産の箇所に記入し、増減を計算します。そして現金預金以外の資産の増減は180百万円と計算されます（第2期　現金預金以外の資産380百万円－第1期　現金預金以外の資産200百万円）。

　次に「負債」を見てみましょう。第1期の負債が150百万円（買掛金50百万円＋借入金100百万円）、第2期の負債が120百万円（買掛金40百万円＋借入金80百万円）となり増減は、△30百万円と計算されます（第2期　負債120百万円－第1期　負債150百万円）。

　これで図表2の上の表の部分が完成しました。答えの図表3と確認してみてください。

　次に図表2の下の部分を完成させていきます。
　最初に「当期純利益」です。第2期は利益が出ましたので（　　）のなかに（増加）と記入してください。金額は上で記入した200百万円になります。
　次に、資金繰り上＋or－という部分は、第2期は利益が出ていますのでキャッシュフロー（資金繰り）はプラスになりますので（　　）のなかに（＋）と記入してください。
　逆に当月、当期純損失（赤字）が出た場合には、キャッシュフロー（資金繰り）はマイナスになりますので（　　）のなかに（－）と記入します。

　同様に「現金預金以外の資産」を記入します。「現金預金以外の資産」は増加していますので（　　）のなかに（増加）と記入してください。金額は上で計算した180百万円になります。「現金預金以外の資産」の増加はキャッ

シュフロー（資金繰り）ではマイナスになりますので（　　）のなかに（−）と記入してください。

　逆に「現金預金以外の資産」が減少した場合には、キャッシュフロー（資金繰り）はプラスになりますので（　　）のなかに（＋）と記入します。

　次に「負債」を計算します。「負債」は減少していますので（　　）のなかに（減少）と記入してください。金額は上で計算した30百万円になります。「負債」の減少はキャッシュフロー（資金繰り）ではマイナスになりますので（　　）のなかに（−）と記入してください（今回の負債のように図表1で△になった場合は図表2では（減少）とし数字だけ入れてください。）。

　逆に「負債」が増加した場合には、キャッシュフロー（資金繰り）はプラスになりますので、（　　）のなかに（＋）と記入します（「利益」「現金預金以外の資産」「負債」の増減がキャッシュフロー（資金繰り）に与える影響につきましては、「キャッシュフロー（資金繰り）を良くする、悪くする四つの原因」を復習してください。）。

　最後に配当金の支払いを記入します。第2期　株主資本変動計算書から配当金は40百万円支払っていますので、図表2の「配当金の支払い」の箇所に記入します。「配当金の支払い」はキャッシュフロー（資金繰り）はマイナスになりますので（　　）のなかに（−）と記入します。

　「当期純利益」「現金預金以外の資産」「負債」「配当金の支払い」の四つの要素の記入が終わりましたら、資金繰り上＋ or −の（＋）はプラス計算、（−）はマイナス計算で電卓を入れてみてください。

　いかがですか？

　先に計算した「現金預金」の増減とピタリ一致したと思います（「当期純利益」200百万円−「現金預金以外の資産の増加」180百万円−「負債の減少」30百万円−「配当金の支払い」40百万円＝△50百万円で第2期の現金預金の減少と一致）。

　すなわち、この会社の第2期は「当期純利益」は計上されましたが、「現金預金以外の資産」の増加、及び「負債」の減少、「配当金の支払い」が

「当期純利益」以上であったため「利益」が出たのに、「現金預金」は逆に減少したわけです。

　今回は「決算書」を使って1年間の資金繰り（キャッシュフロー）を計算しましたが、1ヶ月の資金繰り、3ヶ月（四半期）、6ヶ月（中間）の資金繰りもそれぞれ「1ヶ月の試算表」「3ヶ月の試算表又は四半期決算書」「6ヶ月の試算表又は中間決算書」を使って計算できますので是非試してみてください。

図表2

（単位：百万円）

	第 1 期	第 2 期	増　減 （第2期－第1期）
現金預金			
現金預金 以外の資産			
負　　債			
当期純利益			

```
                                         資金繰り上　＋ or －
当 期 純 利 益　（　　）＿＿＿＿＿百万円（　　）
現金預金以外の資産　（　　）＿＿＿＿＿百万円（　　）
負　　　　　債　（　　）＿＿＿＿＿百万円（　　）
配 当 金 の 支 払 い　　　＿＿＿＿＿百万円（ － ）
　　　　　増　　減　＿＿＿＿＿百万円
                              ↑
                      現金預金の増減と一致
```

図表3

(単位：百万円)

	第 1 期	第 2 期	増　減 （第2期－第1期）
現金預金	150	100	△50
現金預金以外の資産	200	380	180
負　債	150	120	△30
当期純利益		200	

資金繰り上　＋ or －

当 期 純 利 益	（増加）	200百万円 （＋）
現金預金以外の資産	（増加）	180百万円 （－）
負　　　　　債	（減少）	30百万円 （－）
配 当 金 の 支 払 い		40百万円 （－）
増　　減		△50百万円

↑
現金預金の増減と一致

②　どのような科目が増加・減少したか？

　次にこの会社の第1期決算書と第2期決算書でどのような科目が増減しているかを見ていきましょう。

　まず「売掛金」を見てください。「売掛金」は80百万円増加しています（第2期　売掛金200百万円－第1期　売掛金120百万円）。これは増加しているからいけないということではなく、この「売掛金」が正常であるか、不良売掛金かに注目してください。正常な「売掛金」であれば翌月、又は翌々月に回収されますので問題ありません。

　次は「商品」です。「商品」も50百万円増加しています（第2期　商品130

百万円−第1期　商品80百万円)。在庫も増加しているからいけないということではなく、この「商品」が正常在庫であるか、不良在庫かに注目してください。正常な「商品」は販売できれば現金預金で回収されますので問題ありません。ただし、「不良売掛金」や「不良在庫」が発生し、「現金預金以外の資産」が増加している場合には、早急な対策が必要になります。

　また、現金預金以外の資産では、固定資産である「車両運搬具」が増加していますが、固定資産などの設備投資も必要で、かつ適正額であれば問題ありません。無駄な投資、利益以上の設備投資は資金繰り悪化の原因になりますので注意が必要です。この固定資産や設備投資の考え方は、「第2章　資金繰りを良くする着眼点」で解説していきます。

　負債は「買掛金」「借入金」が減少しています。「売掛金」「商品」が増加しているのに「買掛金」が減少すると「運転資金」が増大し、資金繰り(キャッシュフロー)が悪化します。
　また、「借入金」が減少していますが、無理な借入金の返済は資金繰り(キャッシュフロー)のマイナス要因になります。

　このような「運転資金」の計算方法や改善方法、「借入金」の限度額や適正返済額なども「第2章　資金繰りを良くする着眼点」で解説していきたいと思います。

　また、「第4章　資金繰りの実践」で解説します「資金運用表」「資金移動表(資金収支計算書)」を作成すると「どのような科目が増加・減少したか?」がより理解できます。

第 2 章　資金繰りを良くする着眼点

この章では、「資金繰り（キャッシュフロー）に関係する経営分析」「運転資金の調達」「借入金の返済財源」「適正な固定資産の持ち方」などを通じ「資金繰りを良くする着眼点」をご紹介していきます。

(1) 資金繰り（キャッシュフロー）に関係する経営分析

① 現金預金対月商比率

　顧問先やセミナーなどで「会社はどのぐらいの現金預金（キャッシュ）があればいいですか？」とか「うちの会社の現金預金残高（キャッシュ）は適切ですか？」などと質問を受けますが、会社の現金預金（キャッシュ）はその会社の月商（月の売上）が一つの基準となります。

算　式

$$現金預金対月商比率 \ = \ \frac{現金預金}{売上高 \ \div \ 12ヶ月（月商 \quad 1年決算の場合）}$$

　月商（月の売上）を基準とするのは、月商100万円の会社と月商１億円の会社ではひと月に出ていくお金の額が違うからです。当然、月商が大きい会社は仕入れ代金や人件費などの費用も多額になりますが、月商の少ない会社はそれらの支出も少なくて済みます。
　また、会社はトータルで見ますと月商以上の支払いはできません。会社は仕入れ代金や諸経費、借入金の返済を毎月の売上から行っています。
　もし、このような仕入、諸経費、借入金の返済などの支出が、毎月毎月「売上金額」を上回ったら当然会社の資金はショートしてしまいます。

　それでは「現金預金」は「月商（月の売上）」の何倍あれば安全でしょうか。基準は「月商の1.5ヶ月から２ヶ月」になります。最低でも「月商の１ヶ月分の現金預金」は確保してください。

お勧めなのは「月商の２ヶ月から３ヶ月」です。月商が1,000万円の会社は2,000万円から3,000万円の現金預金を持っていれば安全です。

　逆に危険なのが現金預金が「月商の１ヶ月」を切っているケースです。特に「月商の0.5ヶ月」を切りますと倒産危険水域に入りますので、そうならないためにも早目の対策が必要です。

　また今回の「コロナ禍」のような状況では「緊急融資制度」を使って少し多めに現金預金（キャッシュ）を手当てしましょう。

　下記 **事例** のＡ社の現金預金対月商比率は３ヶ月、Ｂ社は１ヶ月ですから、Ａ社の方が良い状態です。Ｂ社は売上規模からいって、もう少し現金預金（キャッシュ）を持つ必要がありそうです。

　現金預金（キャッシュ）を増やす方法ですが、長期的には「現金預金が増加する原因、減少する原因」で解説しましたように、利益を計上し、貸借対照表（B/S）を改善（具体的な方法は、(2)「運転資金」の計算方法、(3)「固定資産」の持ち過ぎに注意するで解説します。）して現金預金（キャッシュ）を増やしていきますが、手っ取り早い方法は銀行などの金融機関からの借入れです。

　また、現金預金（キャッシュ）が少なくともいつでもお金が手当てできるよう「当座借越契約（注）」を結んでいれば問題ありません（銀行など金融機関からの借入れについてはこの後解説します。）。

(注)　当座借越は総合口座と同じように資金が必要な時は当座預金残高がマイナスになりますので銀行からの借入れが可能です。
　　　たとえば、「極度額」１億円の当座借越契約を結びますと、いつでも１億円まで借入れができます。また、この当座借越は資金の余裕がある時は使わなければ支払利息の節約にもなります。

算　式

$$現金預金対月商比率 = \frac{現金預金}{売上高 \div 12ヶ月（月商　１年決算の場合）}$$

事例

(A 社)

	B/S		億円
現金預金	3	負債	6
その他	7	純資産	4
(総資産)	10	(総資本)	10

(B 社)

	B/S		億円
現金預金	9	負債	80
その他	91	純資産	20
(総資産)	100	(総資本)	100

P/L　売上高　12億円

P/L　売上高　108億円

(A 社)　$\dfrac{3 億円}{12億円÷12ヶ月＝1億円}$ ＝ 3ヶ月

(B 社)　$\dfrac{9 億円}{108億円÷12ヶ月＝9億円}$ ＝ 1ヶ月

ポイント

※　現金預金残高は、月商の1.5ヶ月から2ヶ月を目安に（最悪1ヶ月は確保）

※　現金預金残高、月商の2ヶ月から3ヶ月が安全経営

※　現金預金残高が月商の0.5ヶ月を切ると倒産危険水域

※　「コロナ禍」のような非常事態の時は「緊急融資」を使って現金預金
（キャッシュ）を多めに用意

（参考指数）　倒産直前の決算書から「現金預金対月商比率」を計算

　　　マイカル（H13　会社更正法）　0.8ヶ月
　　　そごう（H13　民事再生）　0.4ヶ月
　　　福助（H15　民事再生）　0.4ヶ月

    宝船（H15　民事再生）　　　　0.4ヶ月
    大木建設（H16　民事再生）　　　0.9ヶ月

②　現金預金対借入金比率

　先ほど、「現金預金対月商比率」で現金預金（キャッシュ）を増やす手っ
取り早い方法は銀行など金融機関から借入れすることと説明しました。
　「無借金経営」でなく銀行など金融公庫からの借入金があっても現金預金
（キャッシュ）をある程度持っていれば会社の資金繰り（キャッシュフロー）
は問題ありません。

　この「借入金に対して現金預金をいくら持っているか」を計算しているの
が、「現金預金対借入金比率」になります。この指数は銀行など金融機関の
借入金とうまく付き合っているかどうかを見る目安にもなります。

$$\text{現金預金対借入金比率} = \frac{\text{現金預金}}{\text{短期借入金 ＋ 長期借入金 ＋ 社債}} \times 100$$

　「現金預金対月商比率」で「現金預金が月商の2ヶ月から3ヶ月分が安全
ですが最低でも月商の1ヶ月分の現金預金は確保してください。」とお話し
しました。当然、会社の現金預金が少なくなりますと経営に余裕がなくな
り、最悪資金ショートで倒産してしまいます。ですから会社は借入れをして
でも安全な現金預金は確保すべきです。

　この「借入金に対して現金預金をいくら持っているか（現金預金対借入金
比率）」の一つの目安は30％です。少なくとも借入金に対して30％以上の現
金預金は確保してください。つまり、会社で1億円の借入れがある場合には
3,000万円以上の現金預金を持つようにしてください。

なお、前にも解説しましたが「当座借越契約」を結び、いつでも十分な現金預金（キャッシュ）が準備できる場合はこの限りではありません。

　そして、キャッシュフロー経営（「キャッシュフロー経営」とは、現金預金の流れを重視し、毎期毎期「現金預金」の残高を大きくしていく経営のことをいいます。）をするうえでのお勧め安全圏は50％以上です。すなわち、会社で１億円の借入れがある場合には5,000万円以上の現金預金を持つと非常に安全です。

　ちなみに、この現金預金対借入金比率が100％以上になりますと実質「無借金経営」になります（１億円の借入金に対して現金預金を１億円以上持っているケース）。

　この現金預金対借入金比率が10％以下になりますと倒産危険水域に入りますので、そうならないためにも早目の対策が必要です。

　下記 **事例** のＡ社の現金預金対借入金比率は75％、Ｂ社は15％ですから、Ａ社の方が良い状態です。Ｂ社は銀行など金融機関から借入れを行ってもう少し現金預金（キャッシュ）を持つ必要がありそうです（「当座借越契約」を結び、いつでも十分な現金預金（キャッシュ）が準備できる場合は除きます。）。

算　式

$$現金預金対月商比率 = \frac{現金預金}{短期借入金 + 長期借入金 + 社債} \times 100$$

事　例

(Ａ社)

B/S			億円
現金預金	3	借入金	4
その他	7	その他	2
		純資産	4
(総資産)	10	(総資本)	10

(Ｂ社)

B/S			億円
現金預金	9	借入金	60
その他	91	その他	20
		純資産	20
(総資産)	100	(総資本)	100

$$(\text{A 社}) \quad \frac{3\text{億円}}{4\text{億円}} \times 100$$
$$= 75\%$$

$$(\text{B 社}) \quad \frac{9\text{億円}}{60\text{億円}} \times 100$$
$$= 15\%$$

現金預金対借入金比率	目安
100%	実質無借金経営
50%以上	安全経営
30%以上	現金要確保
10%以下	危険水域

（参考指数）倒産直前の決算書から「現金預金対借入金比率」を計算

マイカル（H13　会社更正法）　9.9%
そごう（H13　民事再生）　　　1.9%
福助（H15　民事再生）　　　　5.3%
宝船（H15　民事再生）　　　　5.0%
大木建設（H16　民事再生）　　5.3%

③　実質「無借金経営」を目指す

　「キャッシュフロー経営」「キャッシュフロー重視」といいますと「無借金
経営」を想像する方も多いと思いますが、実は「無借金経営」がすべてでは
ありません。

　もちろん、銀行など金融機関からの借入金は少ない（又はない）に越した
ことはありませんが、会社では「運転資金」や「固定資産などの取得（設備
資金）」に多額の資金が必要になります。特に多額の「運転資金」や「設備
資金」は会社が成長し、発展する過程においては重要です。
　下手に無借金経営にこだわりますと、会社の成長が阻害されることもあり
ます。

　確かに、借金まみれの経営では倒産予備軍になりますので論外ですが、
「キャッシュフロー経営」「キャッシュフロー重視」では銀行など金融機関か
らの借入金とうまく付き合っていくことをお勧めします。

　運転資金がいらない会社や運転資金が余る「運転資金余剰」が出る会社で
「固定資産」もほとんど不要な会社であれば、銀行など金融機関からの借入
金ゼロの「無借金経営」を目指すことも可能ですが、多額の「運転資金」が
必要な会社や工場、機械装置などの「固定資産」を所有する必要がある会社
では、この「無借金経営」はなかなか難しいのが現実です。

　そこで「無借金経営」を目指すのではなく、「現金預金対借入金比率」が
100％以上の「実質無借金経営」を目指しましょう。いきなり「実質無借金
経営」も困難ですから、「現金預金対借入金比率」を30％、50％、70％と上
げて行き、「実質無借金経営」を最終的なゴールとします。

　日本の銀行をたとえる表現に「銀行は晴れている時に傘を貸して、雨が降
ると傘を取り上げる」というものがあります。晴れている時、すなわち会社
の業績がいい時は銀行など金融機関もニコニコして「資金の需要はありませ
んか？」などと聞いてくれますが、雨が降っている時、すなわち会社の業績

が悪い時には融資をお願いしても断られることがあります。

　業績が悪い時に融資を断られるくらいなら、銀行など金融機関が貸してくれる時に今すぐ必要でないお金でもひとまず借りておくのも一案です。先々運転資金が増大するかもしれませんし、設備資金が必要な場面もあるかもしれません。今すぐ必要がない資金は預金しておけばいいのです。また、「当座借越契約」を頼むのも一案です（ただし、現金預金が十分あり、「運転資金」が必要なく、固定資産も買う予定のない会社は支払利息が無駄ですのでやめましょう。）。

コラム　銀行など金融機関とは上手く付き合おう

- -

　これは私がこの仕事を始めたころ（20代後半で独立前）のお話です。ある顧問先は借入金が5億円ほどあり、現金預金もまた5億円ほどありました。その会社の社長に「支払利息がもったいないから一部借入金を返済したらどうですか？」と提案したことがあります。返ってきた答えは「松田さん、銀行さんは晴れている時に傘を貸して、雨が降ると傘を取り上げるから、うちの会社は銀行が借りてくださいという時は全部借りて預金しておくんだ」と言われました。「でも、利息がもったいなくないですか？」と言ったところ、「利息は経費で落ちるんだから税金も安くなるし、保険みたいなもんだよ」という答えが返ってきました。

　当時は実務経験も浅く、独立前でしたので、「そういうものか」くらいにしか思っていなかったのですが、数年前に100円ショップの株式会社大創産業（ダイソー）の矢野社長がある雑誌のインタビューで全く同じことを話していました。

　ダイソーも銀行が借りてくださいという時は全部借りて預金していたそうです。知り合いの社長から「利息がもったいないからそんなに借りなくてもいいのでは」と言われたそうですが、やはり、「銀行さんは晴れている時に傘を貸して、雨が降ると傘を取り上げるから、うちの会社は銀行が借りてくださいという時は全部借りて預金しておくんだ」と言っていたそうです。

その後、「貸し渋り、貸し剥がしの問題が起き、知り合いの会社はうまく資金調達ができなかったが、ダイソーは資金が十分にあったため計画通り出店できた」と話していました。

　これとは逆の例が、バレンタインデーの生みの親である老舗チョコレートメーカー株式会社メリーチョコレートカムパニーです。売上高経常利益率10%の超優良企業で無借金経営でしたが、為替デリバティブで数十億円の損失を出しました。本業は好調で無借金経営でしたので融資が簡単に受けられるだろうと銀行など金融機関へ相談に行きましたが、融資実績がないためどこからも融資が受けられず、最終的に株式会社ロッテホールディングスの100%子会社として買収されてしまいました。

　また、スカイマーク株式会社も無借金経営を続けていましたが、エアバスの導入と解約で多額のリース料と違約金が発生したため赤字転落した際、銀行など金融機関からの借入金実績がないため、どこからも救済されず民事再生となりました。

　これらの実話は銀行など金融機関との日頃の付き合い方を考えさせられる事例です。

④　借入金月商倍率

　「借入金月商倍率」は、借入金（短期借入金　＋　長期借入金　＋　社債）が月商の何倍あるかをみる経営指数です。

算　式

$$借入金対月商倍率 = \frac{短期借入金 ＋ 長期借入金 ＋ 社債 （注）}{売上高 ÷ 12ヶ月（月商　1年決算の場合）}$$

（注）　余剰な借入金があり「現金預金」でプールしている場合には、その金額を

借入金から控除してください。

　下記 **事例** のＡ社の借入金月商倍率２、Ｂ社は６になります（Ａ社は余剰の借入金２億円が現金預金にプールされているとし、その金額を借入金から控除しました。）。

　この「借入金月商倍率」は、1.5以下であれば正常、３を超えると要注意で黄色信号、６を超えると危険、赤信号で銀行などの金融機関からの融資が非常に難しくなるといわれています（卸売、商社など薄利多売の業種は、正常0.8以下、要注意1.5超、危険３超になります。）。

　なお、「借入金月商倍率」は業種により「粗利益率」が異なるため、参考指数となりますので、この後解説します「債務償還年数」「有利子負債対自己資本比率」とあわせて見てください。

算　式

借入金対月商倍率　＝　$\dfrac{\text{短期借入金　＋　長期借入金　＋　社債　（注）}}{\text{売上高　÷　12ヶ月（月商　１年決算の場合）}}$

（注）　余剰な借入金があり「現金預金」でプールしている場合には、その金額を借入金から控除してください。

事　例

（Ａ社）

	B/S		億円
現金預金	3	借入金	4
その他	7	その他	2
		純資産	4
（総資産）	10	（総資本）	10

（Ｂ社）

	B/S		億円
現金預金	9	借入金	60
その他	91	その他	20
		純資産	20
（総資産）	100	（総資本）	100

P/L　売上高　12億円　　　　　　P/L　売上高　108億円

$$\text{(A 社)} \quad \frac{2\text{億円} \quad \text{(注)}}{12\text{億円}\div12\text{ヶ月}=1\text{億円}} \quad\quad \text{(B 社)} \quad \frac{60\text{億円}}{108\text{億円}\div12\text{ヶ月}=9\text{億円}}$$

$$= \quad 2 \quad\quad\quad\quad\quad\quad\quad = \quad 6.7$$

（注）　余剰借入金２億円を控除

数字の目安

	1.5以下 （卸売、商社　0.8以下）	正常
借入金対月商比率	3超 （卸売、商社　1.5超）	要注意
	6超 （卸売、商社　3超）	危険水域

⑤　債務償還年数

「債務償還年数」は、現在の借入金を１年間に稼ぎ出す現金預金（キャッシュフロー）によって何年で返済できるかを見た経営指数です。

算　式

$$\text{債務償還年数} = \frac{\text{短期借入金}\ +\ \text{長期借入金}\ +\ \text{社債}\ \text{（注）}}{\text{償却前利益（当期純利益}\ +\ \text{減価償却費）}}$$

本来はキャッシュフロー計算書の「営業キャッシュフロー」を使って計算すればいいのですが、現在キャッシュフロー計算書は上場会社のみに作成・

公開が義務付けられており、非上場会社には作成・公開が義務付けられていません。

　便宜上、損益計算書（P/L）から「償却前利益」を計算し、借入金総額（短期借入金、長期借入金、社債の総額）を償却前利益で割って計算しています。

　「償却前利益」は83ページで解説していますが、「当期純利益」と費用でもお金が出ていかない「減価償却費」の合計額になります（減価償却費はお金が出ていかない費用ですので、当期純利益に加算することにより簡便的に「営業キャッシュフロー」を計算しています。）。

　たとえば、ある会社の当期純利益が2,000万円、減価償却費1,000万円としますと償却前利益は3,000万円になります。

　　当期純利益　　　　減価償却費　　　　償却前利益
　2,000万円　＋　1,000万円　＝　3,000万円

　なお、減価償却費は損益計算書（P/L）の販売費及び一般管理費の中に表示されますが、製造業、建設業の場合は、「製造原価報告書」にも減価償却費がありますので、こちらも加算してください。

　この「償却前利益」という言葉は、銀行など金融機関の方がよく使いますが、この金額が「1年間に借入金を返済できる限度額（Max）」になります。
　先ほどの会社ですと「年間3,000万円」まで借入金の返済が可能です。

　「債務償還年数」はこの借入金の年間返済額もMax（最大額）で借入金を返済した場合、何年で借入金を返済できるかを見た経営指数です。

　この「債務償還年数」は10年以内であれば普通で、20年以上になりますと銀行など金融機関からの融資が難しくなります。

　なお、「償却前利益」の計算方法は上記 算式 で紹介した計算方法のほか、分子から現金預金を控除する方法、また、正常運転資金（売上債権　＋

棚卸資産 － 仕入債務）を控除する計算方法がありますので、「債務償還年数」が長い会社は再計算をして、銀行など金融機関から新規の融資を受ける際にはその数字も提示するといいと思います。

算 式

$$債務償還年数 = \frac{短期借入金 ＋ 長期借入金 ＋ 社債 （注）}{償却前利益（当期純利益 ＋ 減価償却費）}$$

（注） 余剰な借入金があり「現金預金」でプールしている場合には、その金額を借入金から控除してください。

※ 分子から「現金預金」を控除する方法、「正常運転資金」（売上債権 ＋ 棚卸資産 － 仕入債務）を控除する方法、「現金預金」「正常運転資金」の両方控除する計算方法もあります。

事 例

（A 社）

	B/S		億円
現金預金	3	借入金	4
その他	7	その他	2
		純資産	4
(総資産)	10	(総資本)	10

P/L 当期純利益　6 千万円
　　　減価償却費　4 千万円

（A 社）
$$\frac{2 億円 （注）}{6 千万円＋4 千万円＝1 億円} = 2 年$$

（注）　余剰借入金 2 億円を控除

（B 社）

	B/S		億円
現金預金	9	借入金	60
その他	91	その他	20
		純資産	20
(総資産)	100	(総資本)	100

P/L 当期純利益　6 千万円
　　　減価償却費　1 億 4 千万円

（B 社）
$$\frac{60 億円}{6 千万円＋1 億 4 千万円＝2 億円} = 30 年$$

債務償還年数	3年以内	優良	債務償還年数	10年〜15年	要注意
	5年以内	良		20年以上	危険
	10年以内	普通			

⑥ 自己資本比率

「自己資本比率」とは、総資本に占める自己資本の割合をいいます。

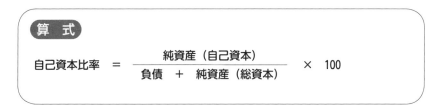

算 式

$$自己資本比率 = \frac{純資産（自己資本）}{負債 ＋ 純資産（総資本）} \times 100$$

下記の貸借対照表を見てください。

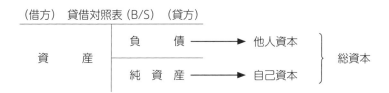

貸借対照表の貸方にある「負債の部」のことを別名、「他人資本」と呼びます。銀行など金融機関からの借入金などが理解しやすいと思います。すなわち、他人から借りていますので将来返済する必要があるものです。

それに対して、「純資産の部」のことを「自己資本」と呼びます。日常会話の「自己資金」に意味は近いですが、この自己資本は返済する義務はありません。

　そして、この「他人資本」と「自己資本」を合計したものを「総資本」と呼びます（算式で書きますと、他人資本＋自己資本＝総資本　となります。）。

　また、「総資本」は「総資産」とイコールになります。貸借対照表（B/S）は借方合計と貸方合計が一致（バランス）しますので、借方側の「総資産」と貸方側の「総資本」は当然一致するわけです。すなわち、「総資産」と「総資本」の金額は必ずイコールになります（総資産＝総資本）。

　下記 事例 のA社の自己資本比率は40％、B社は20％になります。

　この「自己資本比率」は高いほど財務内容は良好です。反対に、借入金など返済しなければならない負債が多いほどこの比率は低くなります。目安は30％以上といわれています。
　また、自己資本比率が40％を超えますと会社の財務状態は非常に安定し、50％を超えると倒産はなくなると言われています。逆に危ないのは10％を切った一桁の場合です。上場会社の倒産（会社更生法、民事再生法など）を見ますと、ほとんどが10％を切って倒産しています。

　もちろん、この「自己資本比率」は高いほど財務内容は優良といえますが、「無借金経営」でも、この「自己資本比率」が100％になることはありません。なぜならば、負債の中には買掛金、未払金、預り金といった科目がありますので、これらの科目が全くない会社はないからです。

算　式

$$自己資本比率 = \frac{純資産（自己資本）}{負債 ＋ 純資産（総資本）} \times 100$$

事 例

（A 社）

		B/S		億円
現金預金	3	借入金	4	
その他	7	その他	2	
		純資産	4	
（総資産）	10	（総資本）	10	

（B 社）

		B/S		億円
現金預金	9	借入金	60	
その他	91	その他	20	
		純資産	20	
（総資産）	100	（総資本）	100	

（A 社） $\dfrac{4\,億円}{10億円} \times 100$ $= 40\%$

（B 社） $\dfrac{20億円}{100億円} \times 100$ $= 20\%$

数字の目安

[自己資本比率]

超優良	50%以上	中の上	20%～30%未満
優良	40%～50%未満	並	10%～20%未満
良	30%～40%未満	危険	10%未満

⑦ **有利子負債対自己資本比率**

「有利子負債対自己資本比率」とは、利息を支払う必要がある負債（短期借入金、長期借入金、社債など）が返済の必要のない純資産（自己資本）に対してどのくらいあるかをみる指数です。

算 式

有利子負債
対自己資本比率 $=$ $\dfrac{\text{短期借入金 ＋ 長期借入金 ＋ 社債（注）}}{\text{純資産（自己資本）}}$ $\times$ 100

（注）　余剰な借入金があり「現金預金」でプールしている場合には、その金額を
　　　借入金から控除してください。

　この「有利子負債対自己資本比率」は100％以下が適正といわれています。「有利子負債対自己資本比率」が低い場合は、利息を支払う必要がある負債（短期借入金、長期借入金、社債など）の負担が低く財務は健全ですが、「有利子負債対自己資本比率」が高い場合は返済しなければならない借入金、社債の負担が大きいため資金繰り（キャッシュフロー）が悪くなり倒産リスクも高まります。

　先程の「自己資本比率」は高く、「有利子負債対自己資本比率」が低いほど財務が安定しているといえます。

　下記 **事例** のＡ社の有利子負債対自己資本比率は50％と健全ですが、Ｂ社は300％とかなり高く財務状態は非常に悪くなっています。

算 式

有利子負債
対自己資本比率 $=$ $\dfrac{\text{短期借入金 ＋ 長期借入金 ＋ 社債（注）}}{\text{純資産（自己資本）}}$ $\times$ 100

（注）　余剰な借入金があり「現金預金」でプールしている場合には、その金額を借入金から控除してください。

事 例

（A社）

B/S				億円
現金預金	3	借入金	4	
その他	7	その他	2	
		純資産	4	
（総資産）	10	（総資本）	10	

（B社）

B/S				億円
現金預金	9	借入金	60	
その他	91	その他	20	
		純資産	20	
（総資産）	100	（総資本）	100	

（A社）　$\dfrac{2億円（注）}{4億円} \times 100$

　　　　　$= 50\%$

（B社）　$\dfrac{60億円}{20億円} \times 100$

　　　　　$= 300\%$

（注）　余剰借入金2億円を控除

数字の目安

[有利子負債対自己資本比率]

超優良	無借金～30％未満	並	80％～100％以下
優良	30％～50％未満	注意	100％超～200％以下
良	50％～80％未満	危険	200％超

（注）　不動産賃貸業など資産投資型業種は除きます。

⑧　借入金依存率

　借入金依存率は、利息を支払う必要がある負債（短期借入金、長期借入金、社債など）が総資産に対してどのくらいあるかをみる指数です。

$$\boxed{\textbf{算 式}}$$

$$借入金依存率 = \frac{短期借入金 \ + \ 長期借入金 \ + \ 社債（注）}{総資産} \times 100$$

（注） 余剰な借入金があり「現金預金」でプールしている場合には、その金額を
　　　借入金から控除してください。

　この「借入金依存率」の適正範囲は30％以下といわれており、数値が低い
ほど財務状態は健全です。上限は60％といわれ、この「借入金依存率」が
60％を超えますと銀行など金融機関からの新規の融資は非常困難になるとい
われています。ちなみに倒産企業の「借入金依存率」は72％だそうです。

　下記 **事例** の A 社の借入金依存率は20％と健全ですが、B 社は60％とか
なり高く、ここでも厳しい数値が出ています。

$$\boxed{\textbf{算 式}}$$

$$借入金依存率 = \frac{短期借入金 \ + \ 長期借入金 \ + \ 社債（注）}{総資産} \times 100$$

（注） 余剰な借入金があり「現金預金」でプールしている場合には、その金
　　　額を借入金から控除してください。

事 例

(A 社)

	B/S		億円
現金預金	3	借入金	4
その他	7	その他	2
		純資産	4
（総資産）	10	（総資本）	10

(B 社)

	B/S		億円
現金預金	9	借入金	60
その他	91	その他	20
		純資産	20
（総資産）	100	（総資本）	100

$$（A 社）\quad \frac{2億円（注）}{10億円} \times 100$$
$$= 20\%$$

$$（B 社）\quad \frac{60億円}{100億円} \times 100$$
$$= 60\%$$

（注） 余剰借入金 2 億円を控除

[借入金依存率]

超優良	無借金～10％以下	並	30％超～40％以下
優良	10％超～20％以下	注意	40％超～60％以下
良	20％超～30％以下	危険	60％超

（注） 不動産賃貸業など資産投資型業種は除きます。

⑨ インタレスト・カバレッジ・レシオ

インタレスト・カバレッジ・レシオは本業の儲けである営業利益に受取利息と配当金を加算した金額が支払利息・割引料の何倍になっているかを示した指数です。

インタレスト・カバレッジ・レシオは数字が高いほど支払利息・割引料を負担する能力が高くなり、逆に低い場合は営業利益と受取利息・配当金から支払利息・割引料を支払った後の金額が少なくなり、資金繰り（キャッシュフロー）は悪くなります。

$$\text{インタレスト・カバレッジ・レシオ} = \frac{\text{営業利益 ＋ 受取利息・配当金}}{\text{支払利息・割引料 （注）}} \times 100$$

（注）　割引料は、決算書では「手形売却損」「手形譲渡損」と表示されます。

　もしインタレスト・カバレッジ・レシオが１の場合は、営業利益と受取利息・配当金から支払利息・割引料を支払うと何も残りません。そしてインタレスト・カバレッジ・レシオが１未満の場合は、営業利益と受取利息・配当金から支払利息・割引料の支払いができなくなり、持ち出しの状態になりますので、早急に改善できないと倒産のリスクが生じます。

　下記 **事例** のＡ社のインタレスト・カバレッジ・レシオ17.2と健全ですが、Ｂ社は1.8とあまり良い数値ではありません。

　インタレスト・カバレッジ・レシオの適正範囲は２〜３といわれ、10を超えると優良です。逆に２を下回ってきますと資金繰り（キャッシュフロー）が悪化してきます。

算　式

$$\text{インタレスト・カバレッジ・レシオ} = \frac{\text{営業利益 ＋ 受取利息・配当金}}{\text{支払利息・割引料 （注）}} \times 100$$

（注）　割引料は、決算書では「手形売却損」「手形譲渡損」と表示されます。

事　例

（A社）		（B社）	
P/L 売上高	120千万円	P/L 売上高	1,080千万円
営業利益	10千万円	営業利益	10千万円
受取利息・配当金	0.3千万円	受取利息・配当金	1千万円
支払利息・割引料	0.6千万円	支払利息・割引料	6千万円

$$\text{(A社)} \quad \frac{10千万円+0.3千万円}{0.6}$$

$$= \quad 17.2$$

$$\text{(B社)} \quad \frac{10千万円+1千万円}{6千万円}$$

$$= \quad 1.8$$

数字の目安

[インタレスト・カバレッジ・レシオ]

超優良	20超～無借金	健全	2～3
優良	10超～20	注意	1超～2未満
良	3超～10	危険	1未満

⑩　営業利益に占める正味支払金利の割合

　インタレスト・カバレッジ・レシオに似た指数に「営業利益に占める正味支払金利の割合」があります。

算　式

$$\text{営業利益に占める正味支払金利の割合} = \frac{\substack{正味支払金利\\（支払利息・割引料－受取利息・配当金）}}{営　業　利　益} \times 100$$

（注）　割引料は、決算書では「手形売却損」「手形譲渡損」と表示されます。

　分子は支払利息・割引料から受取利息・配当金を差し引いた、正味の支払金利を計算しています。この時、この数値がマイナスになる会社がありますが、これは、支払利息・割引料よりも受取利息・配当金が多いという意味で

す。つまり、無借金会社など財務内容の良い会社ですので、この指数を気に
する必要はありません。

　分母は、「営業利益」で割っています。「営業利益」は本業の儲けです。こ
の指数は、営業利益（本業の儲け）のうち何％を金融機関などに金利として
支払っているかをみています。この指数は、30％以下が健全とみられる目安
です。30％超になりますとだんだんと資金繰り（キャッシュフロー）が悪化
していきます。わずか30％と思われるかもしれませんが、これは金利だけの
計算です。実際には金利に加えて借入金元本も返済していますので、是非と
も30％以下に抑えてください。

　この割合が30％を超えますと次第に資金繰り（キャッシュフロー）に影響
が出てきます。
　50％になりますとせっかく本業で稼いでも、半分が支払利息・割引料と銀
行の支払いに充てられますので、会社には半分の50％しか営業利益が残りま
せん。
　さらに、営業利益に占める正味支払金利の割合が80％、90％になりますと
本業の儲け（営業利益）の大半が銀行など金融機関の支払利息・割引料の支
払いに消え、会社には営業利益の10％、20％ほどしか残りませんので、当然
資金繰り（キャッシュフロー）はますます悪化していきます。

　この「営業利益に占める正味支払金利の割合」が100％超えますと、本業
の儲け（営業利益）の全額を支払利息・割引料に充ててもまだ不足している
ということですので、このような状態が何年か続きますと最悪倒産してしま
います。

　この営業利益に占める正味支払金利の割合は低い方が良いということはお
わかりいただけたと思いますが、では、この数値を下げるためにはどうした
らいいでしょうか。

　一つの方法として、分子の正味支払金利を下げる方法があります。しか
し、正味支払金利を下げるには、支払利息・割引料を下げるか、受取利息・

配当金を上げるかですが、これは、資金繰りの厳しい会社が支払利息・割引料を下げたり、この低金利の時代、受取利息・配当金を上げることは不可能に近いと思います。

　もう一つの方法は、分母の「営業利益」を上げることです。
「営業利益」は、以下の算式で計算されます。

算　式

営業利益　＝　売上高　－　売上原価　－　販売費及び一般管理費

　すなわち、営業利益を上げるには、「売上高を上げるか」「売上原価を下げるか」「販売費及び一般管理費を下げるか」の三つの方法があるのです。

　経営判断になりますが、たとえば、新規顧客の開拓、リピーター客の増大、売れ筋商品を増やすなどにより、売上の増加が見込めないか、新しい仕入ルートの開拓、飲食業でしたら食材の無駄をカットするなどして、売上原価を下げられないか、また、経費の見直しにより販売費及び一般管理費を減少できないかなどを考えてください。

　この営業利益に占める正味支払金利の割合は、売上高、売上原価、販売費及び一般管理費、及び分子には企業の財務活動が入っています。したがって、この指数が良くなる（下がる）ことは経営全体が良くなっていることを示しています。逆に、この指数が悪くなる（上がる）ことは経営全体が悪くなっていることを示しています。

　「インタレスト・カバレッジ・レシオ」と「営業利益に占める正味支払金利の割合」は似通った経営指数になりますので、使いやすいものを使ってください。私は「営業利益に占める正味支払金利の割合」の方が感覚的にしっくりきますので、顧問先の経営分析やセミナーなどでよく使っています。

算　式

$$\text{営業利益に占める正味支払金利の割合} = \frac{\overset{\displaystyle \text{正味支払金利}}{(\text{支払利息・割引料} - \text{受取利息・配当金})}}{\text{営　業　利　益}} \times 100$$

（注）　割引料は、決算書では「手形売却損」「手形譲渡損」と表示されます。

事　例

(A社)　　　　　　　　　　　　　　　　(B社)

P/L 売上高	120千万円
営業利益	10千万円
受取利息・配当金	0.3千万円
支払利息・割引料	0.6千万円

P/L 売上高	1,080千万円
営業利益	10千万円
受取利息・配当金	1千万円
支払利息・割引料	6千万円

(A社) $\dfrac{0.6千万円 - 0.3千万円}{10千万円}$ (B社) $\dfrac{6千万円 - 1千万円}{10千万円}$

$= 3\%$　　　　　　　　　　　　　$= 50\%$

[営業利益に占める正味支払金利の割合]

超優良	5％未満〜無借金	注意	30%超〜50%以下
優良	5％〜10%未満	黄色信号	50%超〜100%未満
良	10%〜20%未満	危険	100%以上
並	20%〜30%以下		

マイカル倒産の予兆は前から決算書に現れていた！

　株式会社マイカルの「営業利益に占める正味支払金利の割合」は下記の通り
です。

　　　　　（平成12年２月期）　　　　　（平成13年２月期）

　　　　　　　142.1%　　　　　　　　　　104.0%

　平成13年秋に経営が破綻した株式会社マイカルの決算書を分析すると、その
直近２年間の「営業利益に占める正味支払金利の割合」はいずれも100％を超
えていました。すなわち、株式会社マイカルは本業の儲けである「営業利益」
の全額を支払金利に充当しても、まだ支払いは不足していたわけです。

⑪　売上高営業利益率・売上高正味支払利息率

　売上高営業利益率は、売上げに対して本業の儲けである「営業利益」が
何％出ているかをみています。もちろん数値は高い方が良く、５％以上出て
いれば合格、10％以上出ていると高収益企業になります（ただし、卸売業、
商社、小売の量販店など薄利多売の業種の「売上高営業利益率」は低く出ま
す。）。

$$売上高営業利益率 = \frac{営業利益}{売上高} \times 100$$

　売上高正味支払利息率は、売上に対して正味支払金利（支払利息・割引料－受取利息・配当金）を何％負担しているかを見る指数です。こちらの数値は低い方が良く、２％を超えると危険水域、３％を超えると倒産予備軍と言われています。売上高営業利益率が５％、10％出ていれば問題ありませんが、普通はそのような会社はそもそも借入金に依存していません。また、卸売業、商社、小売の量販店など薄利多売の業種はもう少し低い数値になります。

　いずれにしても、「売上高営業利益率」＞「売上高正味支払利息率」の関係にする必要があり、「売上高営業利益率」≦「売上高正味支払利息率」になりますと、正味支払利息が営業利益以上になり、当然資金繰り（キャッシュフロー）は悪化していきます。

算　式

$$売上高正味支払利息率 = \frac{正味支払金利（支払利息・割引料－受取利息・配当金）}{売上高} \times 100$$

（注）　割引料は、決算書では「手形売却損」「手形譲渡損」と表示されます。

事　例

（A社）　　　　　　　　　　　　　　（B社）
P/L　売上高　　　　120千万円　P/L　売上高　　　　1,080千万円

営業利益	10千万円	営業利益	10千万円
受取利息・配当金	0.3千万円	受取利息・配当金	1千万円
支払利息・割引料	0.6千万円	支払利息・割引料	6千万円

算 式

$$売上高営業利益率 = \frac{営業利益}{売上高} \times 100$$

(A社) $\frac{10千万円}{120千万円} \times 100$　　(B社) $\frac{10千万円}{1,080千万円} \times 100$

$= 8.3\%$　　　　　　　　　　$= 0.9\%$

算 式

$$営業利益に占める \atop 正味支払金利の割合 = \frac{正味支払金利 \atop (支払利息・割引料 - 受取利息・配当金)}{売\ 上\ 高} \times 100$$

(注) 割引料は、決算書では「手形売却損」「手形譲渡損」と表示されます。

(A社) $\frac{0.6千万円 - 0.3千万円}{120千万円}$　　(B社) $\frac{6千万円 - 1千万円}{1,080千万円}$

$= 0.25\%$　　　　　　　　　$= 0.46\%$

$8.3 > 0.25$ （理想的）　　　$0.9 > 0.46$ （差があまりない）

数字の目安

・「売上高営業利益率」＞「売上高正味支払利息率」
　…　理想的（差があるほど望ましい）

・「売上高営業利益率」≦「売上高正味支払利息率」
　…　キャッシュフロー悪化
　　　本業の儲け（営業利益）で財務費用（支払利息・割引料）がまかなえ
　　　ない

⑫　総資産経常利益率（ROA Return On Total Assets）

　「総資産経常利益率」とは、総資産に対して何％の経常利益が出ているか
を見る指数です。

算　式

$$総資産経常利益率（\%）＝ \frac{経\ 常\ 利\ 益}{総資産（又は総資本（負債の部＋純資産の部））} × 100$$

　多くの経営分析の本で、「総資本経常利益率」という用語で説明していま
すが、「総資産経常利益率」といった方がわかりやすいのではないでしょう
か。
　総資本（負債の部＋純資産の部、貸借対照表の貸方）は総資産（貸借対照
表の借方）と一致しますので、「総資産経常利益率」という言い方もできま
す。英語ではROA（リターン　オン　トータル　アセット）といい、総資
産（アセット）に対する利益（リターン）を求めています。

この経営指数は経営の効率を見ているわけです。たとえば、A社1億円、B社1億円の利益を出しましたが、A社の資産は10億円、B社の資産は100億円としますと、「総資産経常利益率」（ROA）は、A社が10％、B社は1％という計算になります。

　この指数は高い方がよいので、つまりA社の方が経営の効率が良いといえます。

　一般に、この「総資本経常利益率」（ROA）の目標指数は10％といわれています。すなわち総資産に対して10％の経常利益を出しましょうといいことです（たとえば、5億円の資産があれば5千万円の経常利益を出すのが理想です。）。

事　例

(A社)

	B/S		億円
資産	10	負債	6
		純資産	4
(総資産)	10	(総資本)	10

P/L　経常利益　1億円

(A社)　$\dfrac{1}{10} \times 100 = 10\%$

(B社)

	B/S		億円
資産	100	負債	80
		純資産	20
(総資産)	100	(総資本)	100

P/L　経常利益　1億円

(B社)　$\dfrac{1}{100} \times 100 = 1\%$

数字の目安

[総資産経常利益率]

超優良	15%以上	並	2％～4％
優 良	10%～14%	危険	1％未満
良	5％～9％		

　また、この総資産経常利益率（ROA）がいいと、資金繰り（キャッシュフロー）がよくなります。もう一度総資産経常利益率（ROA）の算式を見てください。

　総資産経常利益率（ROA）を高くするには算式の分母、分子を矢印の方向に持って行けばいいことがわかります。

　すなわち分子の「経常利益」は大きく、分母の「総資産」は少なくすると総資産経常利益率（ROA）は高くなります。

　実はこの矢印の方向が5ページで解説した「キャッシュフロー（資金繰り）を良くする四つの原因」の「イ　利益を出す」「ロ　現金以外の資産を減らす」に一致しています。
　分子の経常利益を高くし、分母の総資産（正確には「現金以外の資産」）を減らせば、総資産経常利益率（ROA）が高くなり、結果としてキャッシュフロー（資金繰り）が良くなります。

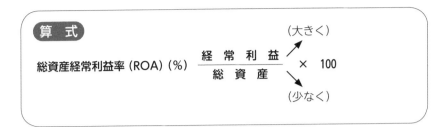

総資産経常利益率（ROA）（%）　$\dfrac{経常利益}{総資産}$　× 100

（大きく）

（少なく）

　顧問先やセミナーなどで、キャッシュフロー（資金繰り）を良くするためには総資産経常利益率（ROA）を高めましょうとお話ししていますが、「ではうちの会社ではどのように総資産経常利益率（ROA）を高めたらいいですか？」と質問されることがあります。総資産経常利益率（ROA）の改善方法を下記⑬で解説したいと思います。

⑬　総資産経常利益率（ROA）の改善方法

　総資産経常利益率（ROA）は次の2つの算式に分けて考えます。

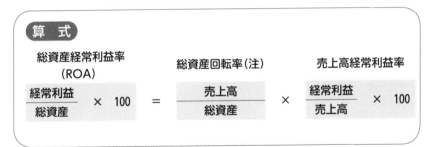

算　式

総資産経常利益率 （ROA）		総資産回転率（注）		売上高経常利益率	
$\dfrac{経常利益}{総資産}$	× 100　=	$\dfrac{売上高}{総資産}$	×	$\dfrac{経常利益}{売上高}$	× 100

（注）　分母に「総資本」を使用した場合は「総資本回転率」といいます。

　上記の算式をみますと分母、分子に「売上高」という共通数字が入っていますので約分できます。そして約分した結果、総資産経常利益率（ROA）の算式になります。

　では、モデル会社を使って計算してみましょう。

事 例

(A 社)

	B/S	億円		P/L	売上高	20億円
資産	10	負債	6			
		純資産	4		経常利益	1億円
(総資産)	10	(総資本)	10			

まず、A 社の総資産経常利益率（ROA）は10％になります。

算 式

$$総資産経常利益率（ROA）= \frac{経常利益}{総資産} \times 100$$

(A 社) $\dfrac{1億円}{10億円} \times 100 = 10\%$

次に総資産回転率は以下のように計算されます。

算 式

$$総資産回転率 = \frac{売上高}{総資産}$$

(A 社) $\dfrac{20億円}{10億円} = 2回転$

　総資産回転率は回転数で表されます。A 社は「2回転」ですが、「2倍」と理解していただいても大丈夫です。A 社の場合「総資産の2倍の売上がある」ということになります。

以下は、「総資産回転率」の数字の目安ですが、業種により数値は異なりますのでご注意ください（詳しくは後述します。）。

[純資産回転率]

超優良	3回転以上	並	0.5〜1回転未満
優　良	2〜3回転未満	危険	0.5回転未満
良	1〜2回転未満		

（注）　業種により数値は異なります。

　最後は、売上高経常利益率です。

算　式

$$売上高経常利益率＝\frac{経常利益}{売上高}×100$$

（A社）　$\frac{1億円}{20億円}×100＝5\%$

　以下は、「売上高経常利益率」の数字の目安ですが、業種により数値は異なりますのでご注意ください（詳しくは後述します。）。

[売上高経常利益率]

超優良	15%以上	並	2％〜5％未満
優　良	10%〜15%未満	注意	2％未満
良	5％〜10%未満	経常赤字（損失）	倒産予備軍

（注）　業種により数値は異なります。

A社の「総資産回転率」は２回転、「売上高経常利益率」は５％と計算されましたので総資産経常利益率（ROA）は以下の算式で求められます。

算 式

$$\frac{経常利益}{総資産} \times 100 = \frac{売上高}{総資産} \times \frac{経常利益}{売上高} \times 100$$

（A社） 10％ ＝ 2 × 5％

⑭ 業種ごとの総資産経常利益率（ROA）の改善方法

A社の総資産経常利益率（ROA）の目標数字は10％です。前にも書きましたが10％なら資金繰りが非常に良くなります。ここでは業種ごとに総資産経常利益率（ROA）10％を目指し改善する方法を見ていきたいと思います。

イ 製造業（メーカー）、建設業

最初に製造業（メーカー）や建設業の場合です。これらの業種は「総資産」が大きいのが特徴です。製造業（メーカー）は工場を所有しますので、土地、建物、機械装置が多額になります。建設業も建設機械や重機などを多額に所有する必要がありますので資産総額は大きくなるという特徴があります（建設機械をあまり所有しない「請負型」の建設業はこれに当てはまりません。）。

（A社）

	B/S		億円
資産	100	負債	70
		純資産	30
（総資産）	100	（総資本）	100

P/L	売上高	100億円
	経常利益	10億円

```
算 式

総資産回転率 =  売上高
              ─────
              総資産         100億円
                          ─────  =  1回転
                           100億円
```

　上記の会社は、「総資産回転率」は1回転になります。製造業（メーカー）や建設業でも「総資産回転率　1回転」は少し少ないですが、「製造業（メーカー）」の場合「1.3回転から1.5回転」、建設業の場合は、「1.5回転から2回転」になると思います。

　次に「売上高経常利益率」ですが、この会社は独自の製品で他社と差別化し、価格競争に巻き込まれていないので「売上高経常利益率　10％」を達成しています。

```
算 式

売上高経常利益率 =  経常利益
                ─────  × 100
                 売上高              10億円
                                 ─────  × 100  =  10％
                                  100億円
```

　この会社は、以下の算式により総資産経常利益率（ROA）10％を達成しています。

```
総資産経常利益率(ROA)    総資産回転率   売上高経常利益率
     10％        =      1回転    ×     10％
```

　前にも説明しましたが、製造業（メーカー）及び建設業は総資産が大きく「総資産回転率」が低い傾向がありますので、「売上高経常利益率」を高め、以下のような形で総資産経常利益率（ROA）10％を目指してほしいと思います。

総資産経常利益率（ROA）	＝	総資産回転率	×	売上高経常利益率
		1回転	×	10%
目標　10%		1.3回転	×	8%
		1.5回転	×	7%
		1.7回転	×	5.9%

☐　小売業、飲食業

　次に小売業、飲食業のケースを見ていきましょう。小売業、飲食業は製造業（メーカー）や建設業よりも総資産は少ないという傾向があります。なぜなら、製造業のように土地、建物、機械装置は不要だからです。しかし、店舗に内装、備品などが必要になりますので、下記会社の「総資産回転率」は2回転です。

事　例

（A社）

	B/S		億円		P/L	売上高	20億円
資産	10	負債	7				
		純資産	3			経常利益	1億円
（総資産）	10	（総資本）	10				

算　式

$$総資産回転率　＝　\frac{売上高}{総資産} \qquad \frac{20億円}{10億円} ＝ 2回転$$

　現在、小売業、飲食業はライバルが多く価格競争にも巻き込まれますので「売上高経常利益率」は製造業（メーカー）よりも低くなる傾向があります。モデル会社の「売上高経常利益率」は5％です。

算　式

$$売上高経常利益率 = \frac{経常利益}{売上高} \times 100 \qquad \frac{1億円}{20億円} \times 100 = 5\%$$

　この会社は、以下の算式により総資産経常利益率（ROA）10%を達成しています。

総資産経常利益率(ROA)		総資産回転率		売上高経常利益率
10%	=	2回転	×	5%

　小売業、飲食業は「売上高経常利益率」が低くなるため、「総資産回転率」を高めて資産経常利益率（ROA）10%を目指してほしいと思います。

総資産経常利益率(ROA)		総資産回転率		売上高経常利益率
目標10%	=	2回転	×	5%

ハ　卸売業、商社、量販店

　最後は卸売業、商社、量販店の事例です。これらの業種は「薄利多売」といわれ、売上は大きいですが、利益率が低いのが特徴です。総資産に比べて売上が大きいので「総資産回転率」は高くなります。下記モデル会社の「総資産回転率」は3.3回転になります。

	B/S	億円			
資産	30	負債	20	P/L　売上高	100億円
		純資産	10		
				経常利益	3億円
（総資産）	30	（総資本）	30		

$$\text{総資産回転率} = \frac{\text{売上高}}{\text{総資産}} \qquad \frac{100億円}{30億円} = 3.3回転$$

　半面、卸売業、商社、量販店は利益率が低いので、このモデル会社の「売上高経常利益率」は３％になります。

$$\text{売上高経常利益率} = \frac{\text{経常利益}}{\text{売上高}} \times 100 \qquad \frac{3億円}{100億円} \times 100 = 3\%$$

　この会社は、以下の算式により総資産経常利益率（ROA）9.9％と約10％を達成しています。

総資産経常利益率(ROA)		総資産回転率		売上高経常利益率
9.9%	=	3.3回転	×	3%

　卸売業、商社、量販店は「売上高経常利益率」がさらに低くなるため、「総資産回転率」を高めて総資産経常利益率（ROA）10％を目指していきましょう。

　また、サービス業も資産は多く持つ必要がありませんので、一般に「総資産回転率」は高く出ます。「売上高経常利益率」が多少低くても総資産経常利益率（ROA）10％を目指すことができます。

総資産経常利益率（ROA）	=	総資産回転率	×	売上高経常利益率
目標　10%		3.3回転	×	3.3%
		5回転	×	2%

いかがですか？

是非皆さんの会社の「総資産経常利益率（ROA）」「総資産回転率」「売上高経常利益率」を計算してみてください。上記指標を参考に改善点を見つけ、総資産経常利益率（ROA）10％を目指してください。

(2) 「運転資金」の計算方法

損益計算書（P/L）は良い、すなわち利益が出ているのに資金繰りが良くない会社は貸借対照表（B/S）が悪い会社といえます。貸借対照表（B/S）が悪い会社の経営者には自覚症状のない方が多いです。「決算書では利益が出ているのに、なんで会社のお金は増えないのか？」といつも悩んでいます。

そして特に自覚症状がないのが、この「運転資金」についてです。

会社が成長する過程で、商品や製品などの在庫、売掛金や受取手形などの売上債権が増大してくると、事業を順調に進めるための「運転資金」も増加していき、会社の資金繰りを圧迫します。

経営者にしてみれば会社が成長し、売上、利益も上がっているのに何で会社の資金繰りが悪くなるのかと悩むわけです。

「資金繰り」や「キャッシュフロー」のセミナーで一番質問の多いのがこの「運転資金」のところです。また、自社の運転資金を計算し、あまりの金額の多さにびっくりされる経営者や経理担当者も少なくありません。

ここでは、「運転資金」など貸借対照表には表示されない内容をイメージでつかめるよう従来の貸借対照表のルールを無視して「貸借対照表」を図形化していきます。また、貸借対照表には本来表示されない「運転資金」や「運転資金余剰」という科目を作り、貸借（左右）を逆転させて説明しています。

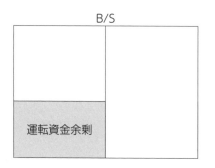
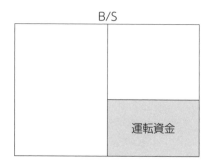

そうすることで、これまで通常の貸借対照表では見えてこなかった現金預金の動き（キャッシュフロー）がしっかり見えてくると思います。

では、「運転資金」はどのように計算されるのでしょうか。
「運転資金」は、業種により使用する「勘定科目」が異なりますが、次の算式で計算されます。

○小売業、卸売業、サービス業、飲食店などの場合

> **算　式**
>
> **売掛金・受取手形　＋　商品　－　買掛金・支払手形・前受金**

○製造業の場合

> **算　式**
>
> **売掛金・受取手形　＋　製品・仕掛品　－　買掛金・支払手形**
> **　　　　　　　　　　　・原材料　　　　　　・前受金**

○建設業の場合

算　式

受取手形・完成　＋　未成工事　－　支払手形・　－　未成工事
工事未収入金　　　　　支出金　　　　工事未払金　　　受入金

　　下記 **図表** は業種ごとの「運転資金」を貸借対照表を図形化して計算し
ています。是非皆さんの会社の運転資金を計算してみてください。

図　表

(小売業、卸売業、サービス業、飲食店などの場合)

B/S

売掛金　受取手形 2,000万円	買掛金　支払手形　前受金 1,500万円
商　　品 2,000万円	← 運転資金 　2,500万円

（製造業の場合）

B/S

| 売掛金　受取手形
2,000万円 | 買掛金　支払手形　前受金
1,500万円 |
| 製品　仕掛品　原材料
3,000万円 | |

← 運転資金
3,500万円

（建設業の場合）

B/S

| 受取手形　完成工事未入金
2,000万円 | 支払手形　工事未払金
1,500万円 |
| 未成工事支出金
3,000万円 | 未成工事受入金
1,500万円 |

← 運転資金
2,000万円

（注）　貸借対照表（B/S）の一部を抜粋しています。

①　会社規模が拡大すると運転資金は増加する

　「会社が成長し、売上・利益も順調に伸びているのに資金繰りが苦しいのはなぜですか？」という質問を受けますが、答えはズバリ「運転資金が増大するから」です。

　会社が成長し、売上が増大しますと、それにつれて売掛金や商品などの棚卸資産も増大するため、この「運転資金」も増えていきます。この「運転資

金」のお金が十分に準備されていれば問題ありませんが、特に会社が急成長
している時は、この増加する「運転資金」が手当てできず資金繰りが悪化す
るのです。

　簡単な例で計算してみましょう。たとえば、次のような会社があったとし
ます。

　　　売掛金・受取手形　　　商品　　　買掛金・支払手形
　　　　2,000万円　　　2,000万円　　　1,500万円

この会社では、運転資金は下記のようになります。

　　売掛金・受取手形　　　　商品　　　　買掛金・支払手形　　　運転資金
　　　2,000万円　＋　2,000万円　－　1,500万円　＝　2,500万円

　もしこの会社が急成長し、事業規模が2倍になりますと、必要な「運転資
金」も次の計算のように2倍になります（計算を簡便にするため、すべての
金額を倍にします。）。

　　売掛金・受取手形　　　　商品　　　　買掛金・支払手形　　　運転資金
　　　4,000万円　＋　4,000万円　－　3,000万円　＝　5,000万円

　この会社では、事業規模が倍になりますと運転資金が2,500万円から5,000
万円に増加しますので、差額2,500万円のお金を「運転資金」として調達す
る必要があります。

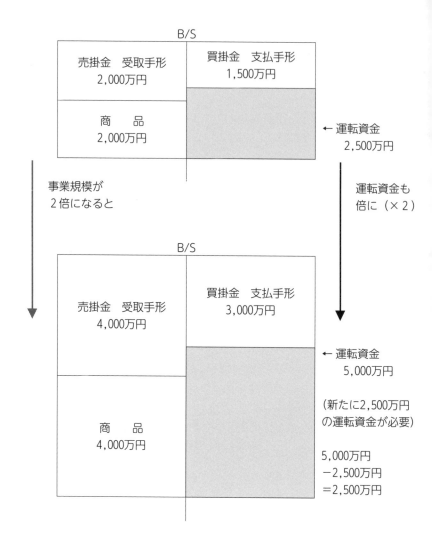

B/S

| 売掛金 受取手形 2,000万円 | 買掛金 支払手形 1,500万円 |
| 商　品 2,000万円 | |

← 運転資金 2,500万円

事業規模が 2倍になると

運転資金も 倍に（×2）

B/S

| 売掛金 受取手形 4,000万円 | 買掛金 支払手形 3,000万円 |
| 商　品 4,000万円 | |

← 運転資金 5,000万円

（新たに2,500万円 の運転資金が必要）

5,000万円
－2,500万円
＝2,500万円

②　「運転資金」はどこで調達されているか？

　「運転資金」は、それだけのお金がどこかで調達されていないと、この会社は回らないという金額です。

　たとえば、先ほどの例の会社の場合、「運転資金」の2,500万円がどこか

で調達されていないと会社の経営は回りません。

売掛金・受取手形		商品		買掛金・支払手形		運転資金
2,000万円	＋	2,000万円	－	1,500万円	＝	2,500万円

　この「運転資金」の2,500万円は、通常次のどこかで調達されているはずです。

・資本金（株主の払込金）
・利益剰余金（過去の利益の蓄積、いわゆる「内部留保」）
・借入金（銀行など金融機関や役員からの借入れ）

　資本金や利益剰余金（あわせて「自己資本」といいます。）で運転資金が調達されている場合は問題ありませんが、借入金で運転資金を調達している場合は「借入金の元本返済」がありますので、資金繰りに注意が必要です（借入金との関係は後述します。）。

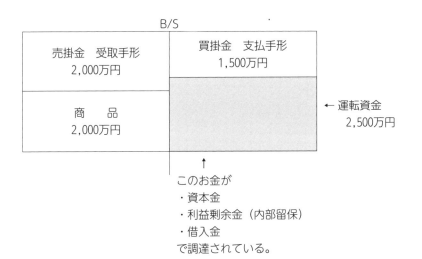

③ 「運転資金」の要らない業種とは？

　「運転資金」が要らない業種もあります。売掛金や受取手形がない現金商売の会社やお店で小売店、飲食店、消費者向けのサービス業などが該当します（ただし、小売店でも商品在庫が多いと当てはまりません。）。

　たとえば、次のような会社があったとします。

売掛金・受取手形　　商品　　　買掛金・支払手形
　0 円　　　500万円　　　1,500万円

　この会社では、運転資金は下記のようになります。

売掛金・受取手形　　　商品　　　　買掛金・支払手形　　　運転資金
　0 円　　＋　500万円　－　1,500万円　＝△1,000万円

　このように運転資金がマイナス、若しくは0円の会社は運転資金を必要としません。さらに上記の会社のように運転資金の計算でマイナス（△）になりますと、運転資金が要らないどころか、この運転資金に余剰が生まれこの資金を現金としてプールしたり、固定資産の購入などの資金に使えますので、非常に資金繰りが楽になります（運転資金がマイナス（△）になることを「運転資金余剰」といいます。）。

　また、この会社の事業規模が2倍になりますと、「運転資金余剰」も次の計算のように2倍になります（計算を簡便にするためすべての金額を倍にします。）。

売掛金・受取手形　　　商品　　　　買掛金・支払手形　　　運転資金
　0 円　　＋　1,000万円　－　3,000万円　＝△2,000万円

　この会社では、事業規模が倍になりますと運転資金余剰が1,000万円から2,000万円に増加しますので、差額1,000万円のお金が会社に残ります。

　特にこれから起業される方は、このような運転資金の要らない会社、又は

「運転資金余剰」の生まれる業種を選ぶと資金繰りの苦労が少なくなります。

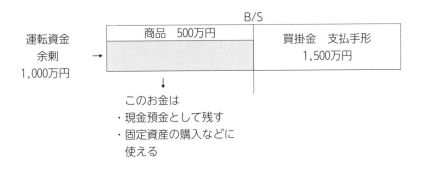

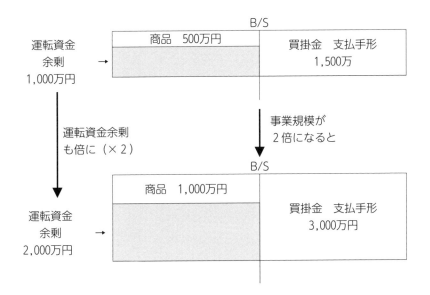

「運転資金」の計算でこの「運転資金」がマイナスになった会社は「運転資金余剰」が生まれます。

このような会社は、運転資金が不必要なだけでなく、その資金を現金預金としてプールしたり、固定資産の購入などの資金に使えますので、資金繰り上、非常に有利になります。

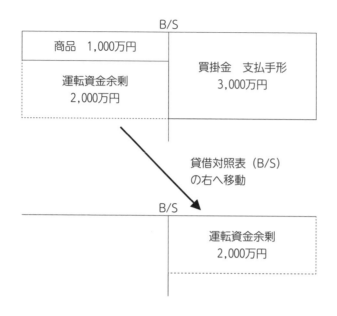

貸借対照表（B/S）
の右へ移動

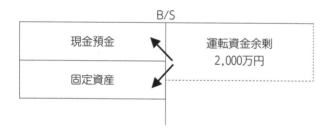

運転資金余剰は現金預金として残したり、固定資産の購入などに使える。

コラム 「運転資金」悲喜こもごも

　一代でセコムグループを築き上げた創業者飯田亮氏は、前職の営業で売掛金の回収や得意先倒産による売掛金の回収不能（貸倒れ）など運転資金の問題で悩んでため、自身で創業する際には運転資金のない会社を作ることを目的のひとつとしていました。

　売掛金を作らないため契約時に3ヶ月分の前金を払ってもらうことを契約の条件としました。当初は、日本ではまだ「警備会社」というものが知られておらず、また「前受金」という強気の営業スタイルを取ったため、かなり苦労されたようですが見事運転資金の要らない会社（運転資金余剰の出る会社）を作り上げたわけです。

　これから起業される方は、このような運転資金の要らない会社、又は「運転資金余剰」の生まれる業種を選ぶと会社の規模が拡大すると「運転資金」が大変になる「運転資金過大会社」に陥ることがなく、逆に規模が拡大すると「運転資金余剰」さらに大きくなり資金繰りが楽になりますので、かなりお勧めです。

　ただし、「運転資金余剰」があっても本業で利益が出ていないケースは危険です。

　2017年3月に旅行代理店株式会社てるみくらぶが倒産（自己破産）しました。負債総額約151億円のうち一般消費者からの負債（旅行の前払金）が約100億円あり、代金を支払ったにもかかわらず旅行に行けなかった人が3万人以上いましたのでテレビなどマスコミにも大きく取り上げられ社会問題になりました（その後、社長は銀行に粉飾した決算書を提出し融資を受けたとして詐欺罪で逮捕されました。）。

　旅行会社は顧客から「前受金」が入ります（旅行者は旅行代金を前払いするため）。
　そのため「運転資金余剰」が出ます。そして64ページで説明しましたように

事業規模が拡大するとこの「運転資金余剰」も増大していきますので薄利（又は赤字）の販売でも現金預金（キャッシュ）が残ります。

しかし逆に事業規模が縮小すると運転資金余剰も少なくなり、まして赤字経営では現金預金（キャッシュ）がなくなっていきますので最後は倒産してしまったわけです。

④ 「運転資金」減少を目指す

会社間取引（B to B）の場合、通常「売掛金、受取手形」が発生します。消費者相手（B to C）の場合には現金取引ですので「売掛金、受取手形」は通常発生しませんが、小売店が商品在庫が多い場合にはやはり「運転資金」が発生します。

このような会社では、「運転資金」をなくすことはできませんが、努力次第では「運転資金」を減少させることができます。「運転資金」は今まで解説しましたように資金繰りにかなり影響を及ぼしますので、是非運転資金の減少に取り組んでください。

イ 受取手形対策

まず、受取手形ですが、基本的にはゼロにしましょう。日本で使われている手形は60日又は90日サイトが一般的です（下請法では、120日を超える手形は違法）。したがって、現金化まで時間が長く、当然「運転資金」も多額になります。今まで手形取引をしていた得意先の手形をなくすのは難しいかもしれませんが、新規の得意先には手形で販売するのはやめましょう。「うちは、手形では売りません。」という強い意志を持ちましょう。

また、今まで手形取引をしていた得意先も値下げなどの要求があった際には「○％の値下げは行いますので、その代わり手形はやめてください。」などと交渉します。

ロ　売掛金対策

　会社間取引（B to B）の場合、現金取引は少なく通常「売掛金」が発生します。その際、回収条件は「月末〆の翌月末払い」で押し通しましょう。これですと回収サイトは「45日から50日くらい」になります。これ以上、回収サイトを伸ばすのは絶対に避けましょう。

　また、信用力はあるのに支払いが遅い会社（上場企業など大手企業が多い）の売掛金は、「ファクタリング」の活用を検討しましょう。手数料（利息相当分）は取られますが入金が早まりますので「運転資金」が軽減できます。また、「貸倒れ（売掛金の回収不能）」のリスクも防げます。

(注)　「ファクタリング」とは、自社の売掛金をファクタリング会社に「債権譲渡」とすることにより、売掛金を期日前に資金化する手段です。ファクタリング会社に手数料を支払う必要がありますが、売掛金の回収が早まり「運転資金」の減少につながります。
　　　ファクタリング会社の「与信管理」がありますので、上場会社などで財務状況はいいのに売掛金の支払いが遅い場合などに利用すると良いと思います。
　　　自社とファクタリング会社で契約する「2社間ファクタリング」、自社とファクタリング会社、得意先で契約する「3社間ファクタリング」、万一得意先が倒産した場合も売掛金の入金を保証してくれる「保証ファクタリング」などがあります。

　次に重要なのが、「不良売掛金」発生の防止です。支払期日に払ってこない得意先にはすぐに電話連絡、それでも払わない場合には、即座に営業担当者などを得意先に行かせる体制を全社的に整えてください。そのような得意先は資金繰りが悪化していますので他の支払いも遅延しているはずですから、うるさく催促してくるところから払う傾向があります。それでもだめな時は販売を止めるか、売掛金がなくなるまでは現金売上とします。だらだらと売り続けると「貸倒れ（売掛金の回収不能）」のリスクが増大します。

ハ　商品、製品、原材料対策

　商品、製品、原材料など「棚卸資産」減少の一番の対策は、「月次棚卸の

実施」です。商品、製品、原材料など不良在庫が発生している倉庫は例外なく整理整頓されていません。この「月次棚卸の実施」だけで倉庫がきれいになり、一発で不良在庫がなくなります。

　次に、「商品、製品手持ち日数」の徹底管理です。「商品、製品手持ち日数」は以下の算式により計算されます。

算　式

$$\frac{商　　品}{1日の売上高} \quad 又は \quad \frac{製品・仕掛品・原材料}{1日の売上高}$$

　たとえば、「商品、製品手持ち日数」が20日の会社は、この20日を大幅に上回らないよう注意します。

　また、現場の担当ごとにこの日数を厳守させます。担当者の方は、欠品を出したくないため、どうしても在庫を多く持ちたがります。この日数が決められていますと新しい在庫を買うためには前の在庫を売らなくてはなりませんし、まして売れない商品は仕入れができなくなりますので商品の見極め（売れるかどうか？）について真剣になります。

二　買掛金、未払金対策

　仕入れ先への買掛金の支払いや、経費などの未払金の支払いは逆に遅くします（ただし、大企業が行うと影響力が大きいのでやらないでください。中小、零細企業であれば影響は小さいので許してもらいましょう。）。

　しかし、あまりにも支払いが遅いと仕入れ先にも迷惑をかけますし、仕入れができない場合がありますので、「月末〆の翌々月末払い」で交渉します。この条件ですと、支払サイトが平均75日になります。「月末〆の翌月末払い」に比べて支払サイトが約30日伸びますので「運転資金」が減少し、資金繰りが楽になります。

この条件を呑んでくれない時は、「20日〆の翌月末払い」で交渉してください。この場合、支払サイトが平均55日になります。「月末〆の翌月末払い」に比べて支払サイトが約10日伸びるだけですが、ある裏ワザが存在します（下記 **図表** を参照）。

図　表

20日〆の翌月末払いの場合

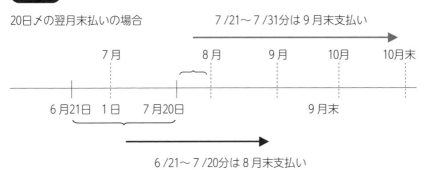

※　急いで仕入れる必要のないものは毎月21日以降に仕入れると支払が1ヶ月延びる。

ホ　支払手形対策

　支払手形のサイトは通常60日か90日です。支払手形を使いますと確かに支払いは伸びますが、支払手形の振出しはお勧めしません。
　一番の理由は、支払手形には「倒産のリスク」があるからです。極端な話ですが、銀行の借入金や買掛金、未払金の支払いが遅れても倒産はしません（何回か続きますと厳しい督促をかけられますが、それでも倒産はしません。）。

　しかし、支払手形は一度でも不渡り（資金不足で決済できないこと）を起こしますと、信用不安が発生し、一発で倒産します。

　現在、支払手形を振り出している会社は、今すぐには難しいと思います

が、支払手形ゼロを目指していきましょう。もちろん、現在、支払手形を振り出していない会社は今後も振り出してはいけません。

　倒産リスクのある支払手形は止めた方が無難だと思います。

（ポイント）「運転資金」を減少させるには

・受取手形、売掛金

受取手形では売らない
すでに受取手形の取引がある会社では、条件変更を機会に減らす方向へ
売掛金の回収条件は、「月末〆の翌月末払い」を厳守
信用力はあるのに支払いが遅い会社の売掛金は、「ファクタリング」を活用
絶対に「不良売掛金」を作らない仕組みを全社で構築する

・商品、製品、原材料対策

まずは「月次棚卸の実施」で不良在庫の発生を防ぐ
「商品、製品手持ち日数」を担当者ごとに徹底管理

・支払手形、買掛金、未払金対策

支払手形は絶対に発行しない
すでに支払手形がある場合には徐々に減らし支払手形ゼロを目指す
買掛金、未払金の支払条件は「月末〆の翌々月末払い」で交渉
「月末〆の翌々月末払い」が無理ならば「20日〆の翌月末払い」にしてもらう

---

(3) 「固定資産」の持ち過ぎに注意する

　会社を経営する上で土地、建物、機械、備品などの固定資産は必要ですが、固定資産の持ち過ぎはキャッシュフロー（資金繰り）の悪化につながります。

　5ページの「キャッシュフロー（資金繰り）を良くする四つの原因」で解説しましたように、固定資産など「現金以外の資産」の増加は現金預金（キャッシュ）のマイナスになるからです。

　では、どのような目安で固定資産を保有すればよいでしょうか。固定資産を持つ目安として使われている経営分析が「自己資産対固定資産比率」と「固定長期適合率」になります。

① 自己資本対固定資産比率

　自己資本対固定資産比率は、会社で長期的に使用される土地、建物、機械、備品などの固定資産がどの程度返済の必要のない純資産（自己資本）でまかなわれているかをみる経営指数で次に算式で計算されます。

算　式

$$自己資本対固定資産比率 = \frac{固定資産}{純資産（自己資本）} \times 100$$

　では、以下のA社、B社の「自己資本対固定資産比率」を計算してみましょう。

(A社)

		B/S		億円
資産	20	流動負債		10
(その他)		長期借入金		10
固定資産	40	(固定負債)		
		純資産		40
(総資産)	60	(総資本)		60

(B社)

		B/S		億円
資産	40	流動負債		20
(その他)		長期借入金		40
固定資産	60	(固定負債)		
		純資産		40
(総資産)	100	(総資本)		100

自己資本対固定資産比率

(A社)

$$\frac{40億円}{40億円} \times 100 = 100\%$$

(B社)

$$\frac{60億円}{40億円} \times 100 = 150\%$$

　A社の自己資本対固定資産比率は100％、B社の自己資本対固定資産比率は150％でした。自己資本対固定資産比率は、A社のように100％以下になれば理想的です。これは会社で長期的に使用される土地、建物、機械、備品などの固定資産が返済の必要のない純資産（自己資本）ですべてまかなわれている状態になっているからです。

　また、数字の目安は下記の通りです。

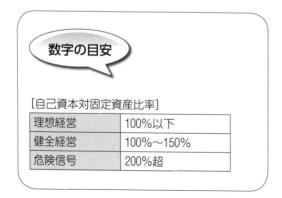

数字の目安

[自己資本対固定資産比率]

理想経営	100%以下
健全経営	100%〜150%
危険信号	200%超

②　なぜ「自己資本対固定資産比率」が100％以下だと理想的か？

　下記に貸借対照表（B/S）を図形化しましたが、貸借対照表の左側（借方）に固定資産があります。

　固定資産は会社で長期的に使用される土地、建物、機械、備品などのことです。

　自己資本は株主が出資した資本金（会社を清算しない限り、返済不要）と利益剰余金（別名「内部留保」、会社が利益を出し税金、配当金を払った後の金額なので返済不要）で構成されています。

　このように「自己資本対固定資産比率」が100％以下とは、この固定資産が返済の必要のない純資産（自己資本）ですべてまかなわれているということになり、理想的な状態です。

B/S

固定資産 3,000万円	資本金＋利益剰余金 （内部留保） 3,000万円 }　自己資本（純資産）

・資本金…株主が出資した金額で会社を清算しない限り返済不要
・利益剰余金（内部留保）…会社が利益を出し税金、配当金を払った後の金額なので返済不要

　「自己資本対固定資産比率」は100％以下が理想ですが、実務上はなかなか難しく、150％以下であれば健全経営といえます。200％くらいまでは許容範囲といわれていますが、「自己資本対固定資産比率」が100％を超えている会社は次に掲げる「固定長期適合率」をチェックしてください。

　以下の会社は、「自己資本対固定資産比率」が100％を超えています。特に非上場会社はこのように「自己資本対固定資産比率」が100％を上回る会社が多くなります。

理由は、非上場会社はオーナー一族などが出資するので過少資本の会社が多く、また利益剰余金を貯めるためには利益を出す必要があり、利益を出すためにはまず固定資産に投資する必要があるため、非上場会社の多くは下記のように「自己資本対固定資産比率」は100％を超えてしまいます。

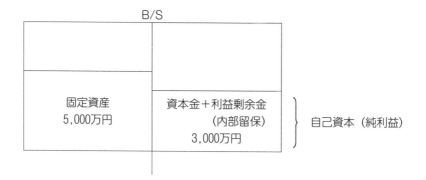

ポイント

・非上場会社の多くは過少資本（資本金が少ない）

・利益を出すには先に投資が必要

・投資が先、利益は後追い　（固定資産への投資　→　利益計上）

・よって上記の会社のように「自己資本対固定資産比率」は100％を超えてしまう

③　固定長期適合率

　「自己資本対固定資産比率」が100％を超えている会社は、この「固定長期適合率」をチェックしてください。（「自己資本対固定資産比率」が100％以下の会社は無視して大丈夫です。）。

固定長期適合率は以下の算式のように、分子は「固定資産」を使用しますが、分母は「純資産（自己資本）と長期借入金、社債の合計金額」を使います。

> **算　式**
>
> $$\text{固定長期適合率} = \frac{\text{固定資産}}{\text{純資産（自己資本）＋長期借入金、社債（注）}} \times 100$$

（注）　固定負債を使う場合もあります。

では、先ほどのB社の「固定長期適合率」を計算してみましょう。

（B社）

	B/S		億円
資産	40	流動負債	20
（その他）		長期借入金	40
固定資産	60	（固定負債）	
		純資産	40
（総資産）	100	（総資本）	100

（B社）

$$\frac{60\text{億円}}{40\text{億円} + 40\text{億円}} \times 100 = 75\% \text{（固定長期適合率）}$$

この「固定長期適合率」は上記の算式のように会社で長期的に使用される土地、建物、機械、備品などの固定資産が返済の必要のない純資産（自己資本）と長期借入金や社債など（場合によっては固定負債）の長期の返済財源でどのくらいまかなわれているかをみる経営指数です。

そして、この「固定長期適合率」は必ず100％以下でなければいけません。以下の貸借対照表（B/S）は固定長期適合率が100％以下の状態のものです。

この会社では、長期的に使用される土地、建物、機械、備品などの固定資産が返済の必要のない純資産（自己資本）と長期借入金や社債など（又は固定負債）の長期の返済財源ですべてまかなわれています。

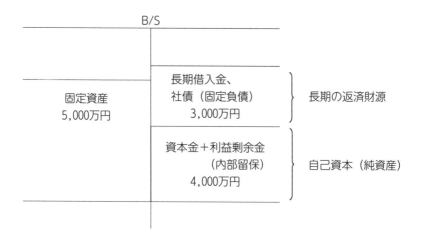

　以下の貸借対照表（B/S）は固定長期適合率が100％を超えている状態のものです。この場合には、下図のように短期借入金（流動負債）も使って、固定資産を購入している状態となっています。
　固定資産は土地、建物、機械、備品などのように長期的に使用される資産ですので、その財源は返済の必要のない純資産（自己資本）と長期借入金や社債など（又は固定負債）の長期の返済財源でまかなう必要があります。短期借入金（流動負債）は１年以内に支払う債務ですので、このような短期の返済財源を使って長期的に使用する固定資産を購入すると、どうしてもキャッシュフロー（資金繰り）が悪化します。

1年以内に返済するお金を用いて
長期的に保有する固定資産を買っている。

　下記(ア)の貸借対照表（B/S）は「固定長期適合率」が100％を超えている
会社のものです。このような会社は、遊休の固定資産などを売却し短期借入
金を返済する、短期借入金を長期借入金に借り換える、償却資産を減価償却
を行い圧縮するなどして、固定長期適合率が100％である(イ)の貸借対照表
（B/S）の状態まで減少させてください。

(ア)

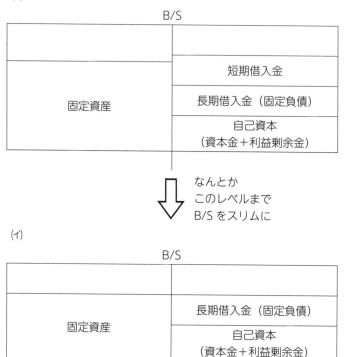

B/S

	短期借入金
固定資産	長期借入金（固定負債）
	自己資本 （資本金＋利益剰余金）

⬇ なんとか
このレベルまで
B/S をスリムに

(イ)

B/S

固定資産	長期借入金（固定負債）
	自己資本 （資本金＋利益剰余金）

ポイント

・固定資産の売却や回収で短期借入金を返済

・短期借入金を長期借入金に借換え

・減価償却を行い固定資産を圧縮

（利益が出ているのが前提

　　　赤字（損失）を出すと純資産（自己資本）が減少するため）

コラム 倒産した会社は、「固定長期適合率」がすべて100%を超えていた！

　以下は、過去に倒産した会社の最後の貸借対照表（B/S）を簡略化したものです（総資産、総資本（負債＋純資産）を100%として各比率を計算しています。）。

　すべての会社が、「固定長期適合率　固定資産／固定負債＋純資産 × 100（ここでは固定負債を使用して計算）」が100%を超えています。

　すなわち、会社で長期的に使用される「固定資産」が長期での調達である「固定負債」と返済の必要のない「純資産（自己資産）」でまかなうことができず、短期での調達である「流動負債」を使って取得していることが読み取れます。

マイカル

B／S

流動資産	24	流動負債	42
（当座資産	9 ）		
固定資産	76	固定負債	51
		自己資本（資本の部）	7
	100		100

$$\frac{76}{51 + 7} \times 100 = 131\%$$

そごう

B／S

流動資産	31	流動負債	92
（当座資産　6）			
固定資産	69	固定負債	3
		自己資本（資本の部）	5
	100		100

$$\frac{69}{3+5} \times 100 = 862\%$$

福　助

B／S

流動資産	48	流動負債	82
（当座資産　33）			
固定資産	52	固定負債	15
		自己資本（資本の部）	3
	100		100

$$\frac{52}{15+3} \times 100 = 288\%$$

宝　船

B／S

流動資産	19	流動負債	75
（当座資産　5）			
固定資産	81	固定負債	15
		自己資本（資本の部）	10
	100		100

$$\frac{81}{15+10} \times 100 = 324\%$$

大木建設 … 債務超過

B／S

流動資産	53	流動負債	99
（当座資産 35）			
固定資産	47		
	100	固定負債	12
			111
		自己資本（資本の部）	△11

※債務超過…資産より負債が大きくなり「純資産の部（上記は商法の時の決算書なので「資本の部」）」がマイナスになります。

$$\frac{47}{12+（△11）} \times 100 = 4,700\%$$

(4) 「償却前利益」と借入金返済の関係

「固定資産」を資本金と利益剰余金（内部留保）、及び銀行など金融機関からの「長期借入金」でまかなっている会社は「減価償却費（注）」と「借入金の元本返済額」の関係に注意が必要です。

簡単な例を使って解説をしたいと思います。たとえば、ある方が脱サラをして「焼き芋屋さん」を始めたとします。「焼き芋屋さん」ですから冬の間、4ヶ月の損益を計算しますと **図表1** の通りでした。

図表1		（単位：万円）
	P/L	C/F
売上高	500	500
売上原価	150	△150
経費		
車両減価償却費	60	△300（車両購入）
その他	50	△50
利益	240	（　　　　）

　まず焼き芋の売上が500万円、売上原価が150万円、ガソリン代などその他の経費が50万円でした。そして、現在の「焼き芋屋さん」は軽トラックで販売していますので、その購入費用が300万円、耐用年数5年、定額法で償却しますと減価償却費は60万円でした。

　さて、利益はいくらになるでしょうか。

　240万円になりますね。冬の間の4ヶ月の利益ですから、「まあ生活はできるな」と思っていました。そこに突然税務署から「利益が出たから税金を30万円支払いなさい。」といわれました。さて、この焼き芋屋さん、税金の30万円が支払えるでしょうか。

　図表1 の右側がキャッシュフロー計算書（C/F）です。「焼き芋屋さん」は現金商売ですから売掛金も買掛金もありません。また未払金もないと仮定して、右のキャッシュフロー計算書（C/F）で現金残高を計算してみてください。

　いかがですが？

　現金残高はなんと0円です。これでは、税金の支払いはおろか、生活ができませんから倒産してしまうのは確実です。

（注）　減価償却費
　　　「減価償却」とは、取得した固定資産を耐用年数（その資産を使用できる年数）に応じて費用にしていくことです。そしてその費用を「減価償却費」といいます。

たとえば、会社が300万円で貨物自動車（トラック）を購入しますと貨物自動車（トラック）の耐用年数は5年ですので、減価償却費は60万円（300万円÷5年）と計算されます。

　この「減価償却費」は過去に購入した固定資産を費用化していますのでお金の支出はありません。なお「土地」は使用によって価値が減少しませんので減価償却はできません。

　しかし、先ほどの例には致命的な間違いがあります。どこが間違っているかわかりましたか。

　実は、軽トラック（車両）を購入しなければ、商売を始めることができません。その資金はどうしたのかという問題が浮上します。

　それでは、軽トラック（車両）購入のために銀行など金融機関から車両購入資金を借り入れた場合を考えてみましょう。

　金融機関から300万円の借入れをし、元本を5年で返済（年間60万円）した場合のキャッシュフロー計算書（C/F）が **図表2** です。

図表2　　（単位：万円）

	C/F	
売上高	500	
売上原価	△150	
経費	△50	
車両購入支出	△300	
銀行からの借入金	300	
借入金の元本返済	△60	（借入金300万円を5年で返済
現金残高	240	300万円 ÷ 5年 ＝ 60万円）

ポイント

減価償却費　＝　借入金の元本返済　　　当期純利益　＝　現金預金残高
　　　　　　　　　　　　　　　　　　　　　（他の要素は考慮していません）

　いかがですか？今度は、損益計算書（P/L）の利益とキャッシュフロー計算書（C/F）の現金残高が一致しました。

これは、費用になるが現金支出がない「減価償却費」と現金支出はあるが費用にならない「借入金の元本返済」が同額であるからです。

　次に銀行など金融機関から300万円を借入れし、3年で返済した場合（年間元本返済100万円）のキャッシュフロー計算書（C/F）　図表3　と10年で返済した場合（年間元本返済30万円）のキャッシュフロー計算書（C/F）　図表4　を見ていきましょう。

図表3	（単位：万円）
C/F	
売上高	500
売上原価	△150
経費	△50
車両購入支出	△300
銀行からの借入金	300
借入金の元本返済	△100
現金残高	200

図表4	（単位：万円）
C/F	
売上高	500
売上原価	△150
経費	△50
車両購入支出	△300
銀行からの借入金	300
借入金の元本返済	△30
現金残高	270

ポイント

減価償却費　＜　借入金の元本返済	当期純利益　＞　現金預金残高
	（他の要素は考慮していません）
減価償却費　＞　借入金の元本返済	当期純利益　＜　現金預金残高
	（他の要素は考慮していません）

　図表3　のケースは、**減価償却費　60万円　＜　借入金元本返済額　100万円**と借入金元本返済額の方が40万円多いため、その分現金残高が利益より減ります（現金残高200万円＝利益240万円－40万円）。

　図表4　のケースは、**減価償却費　60万円　＞　借入金元本返済額　30万円**と借入金元本返済額の方が30万円少ないため、その分現金残高が利益よ

り多くなります（現金残高270万円＝利益240万円＋30万円）。

このように借入金元本返済額が減価償却費よりも大きい場合は、当期純利益よりも現金預金残高は少なくなりますので資金繰りに注意してください。

また、固定資産（車両運搬具）を資本金又は利益剰余金（内部留保）で購入できれば借入金はなく、この焼き芋屋さんの手元には300万円が残ります。

① あなたの会社は年間いくらまで借入金を返せますか？

イ 「償却前利益」を計算する

あなたの会社は、年間いくらまで借入金を返済できるでしょうか。

借入金の返済財源は、「当期純利益」と費用でもお金が出ていかない「減価償却費」の合計額になります。これを「償却前利益」といいます（償却前利益＝当期純利益＋減価償却費で計算されます。製造業、建設業の場合は、「製造原価報告書」にも減価償却費がありますので加算してください。）。

たとえば、ある会社の当期純利益が2,000万円、減価償却費1,000万円としますと償却前利益は3,000万円になります（ 事例1 参照）。

事例1

減価償却費　1,000万円　　当期純利益　2,000万円の例

←　　←　　良　　　　　悪　　→　　→

減価償却費
1,000万円

償却前利益
3,000万円

減価償却費　＋　当期純利益
1,000万円　　　2,000万円

この「償却前利益」という言葉は、銀行など金融機関の方がよく使いますが、この金額が「１年間に借入金を返済できる限度額（Max）」になります。

先ほどの会社ですと「年間3,000万円」まで借入金の返済が可能です。た

だし、この会社が年間3,000万円の借入金返済を行いますと「当期純利益」の全額が銀行返済に回りますので会社には全くお金が残りません。

　「キャッシュフロー経営」では借入金の返済を減価償却費以下にすることをお勧めします。この会社の場合、1年間の借入金返済額を1,000万円以下にします。たとえこの会社が、年間1,000万円の借入金を返済しても「当期純利益」の2,000万円お金が残ります（他の要素は考慮していません。）。

　また、あなたの会社の借入金の年間返済額がすでに「償却前利益」まで達している場合には、銀行など金融機関は絶対に新規の貸出しはしません。なぜなら、その会社の借入金の返済額は「1年間に借入金を返済できる限度額（Max）」になっているため、もうこれ以上返済できないからです。

　Check であなたの会社の借入金年間返済額を確認してみてください。「減価償却費」に近いところ（ 事例1 のケースでは、1,000万円）で返済している場合には問題ありませんし、借入金の年間返済額が「償却前利益」以下ですと「キャッシュフロー経営」の理想の状態です。

Check

※　あなたの会社の「借入金返済額」は適切か？

（1年間に借入金を返済できる限度額　Max）

当期純利益　＋　減価償却費　＝　償却前利益

_____円　　_____円　　_____円

1年間の借入金返済額

_____円

※　 事例1 で借入金の年間返済額をチェックしてください。

　しかし、借入金の年間返済額が「償却前利益」に近い（ 事例1 のケースでは、3,000万円）場合や、「償却前利益」を超えている場合は「借入金過大返済」でキャッシュフロー（資金繰り）悪化の原因になりますので、この

後解説する「(5)借入金で買っていい資産、買ってはいけない資産」「(6)「運転資金」「固定資産」の調達財源としての借入金について考える」を参考に借入金の年間返済額の減額を検討してください。

ポイント

・償却前利益＝当期純利益＋減価償却費

・償却前利益とは、「１年間に借入金を返済できる限度額（Max）」

・借入金の返済は、減価償却費を若干上回る程度に（「償却前利益」と近い額になると注意）

・借入金の返済が減価償却費以下になれば「キャッシュフロー経営」の理想形

(5) 借入金で買っていい資産、買ってはいけない資産

「キャッシュフロー経営」は借入金の返済を減価償却費以下にするのが理想です。このことから、資産には「借入金で買っていい資産と買ってはいけない資産」があります。

先ほどの「焼き芋屋さん」の事例の車両運搬具の他、機械装置、工具器具備品、店舗の内装（造作）、ソフトウェアであれば減価償却が可能ですし、耐用年数も短いので「１年間の借入金の返済額」と「１年間の減価償却費」を合わせることが可能です。

しかし、土地を借入金で取得した場合は、土地は減価償却ができませんので「借入金の元本返済額＞減価償却費　０円」になります。
また、建物を借入金で取得した場合には、建物の耐用年数は一般に長く設

定されているため、よほど借入金の返済期間が長くないと「借入金の元本返済額＞減価償却費」の関係になり、先ほどの「焼き芋屋さん」の例で説明しましたように、借入金元本返済額が減価償却費よりも大きくなります。つまり、「当期純利益」より「現金預金残高」は少なくなり、資金繰りに影響を与えます（建物が「テナントビル」のような収益物件の場合には、テナント収入が入りますので当てはまりません。）。

　たとえば、本社や支店ですと鉄筋、鉄骨コンクリート作りの事務所の耐用年数が50年です。銀行など金融機関が50年返済で融資してくれれば全額借入金での取得も可能ですが、現実にはそんなに長い返済期間での融資を受けるのは不可能です。
　どんなに長くても建物取得の借入金の返済期間は25年程度が限界だと思いますので、半分は自己資本で取得しないと「借入金の年間返済額＝減価償却費」の関係を維持できません。

　すなわち、ズバリ申しあげますと、「キャッシュフロー経営」を目指していくなら、「車両運搬具、機械装置、工具器具備品、店舗の内装（造作）、ソフトウェアなど耐用年数の短い資産は「借入金の年間返済額＝減価償却費」の関係を維持できますので借入金で取得してもいいですが、減価償却のできない土地や、耐用年数が長い建物は自己資本（資本金・利益剰余金（内部留保））で取得すべき」ということです。

　バブル期に本社の土地、建物を全額借入金で取得した会社は、少しでも利益が減少すると借入金の返済財源である「償却前利益」が減少し、資金繰りが厳しくなったため破綻したり、その後遺症から抜け出せない会社が少なくありません（92ページ　コラム参照）。

ポイント

　キャッシュフロー（資金繰り）を良くするには、「借入金の年間返済額＝減価償却費」を守ることが重要。そのためには各資産の取得財源について注意する。

・車両運搬具、機械装置、工具器具備品、店舗の内装（造作）、ソフトウェアなどは借入金での取得も可

・土地、耐用年数が長い建物は自己資本（資本金・利益剰余金（内部留保））で取得

・以下のような貸借対照表（B/S）をイメージする

B/S

車両　機械　備品 造作　ソフトウェア など	長期借入金（固定負債）
土　　地 建　　物	自己資本（純資産） ・資　本　金 ・内部留保

※　「土地、建物」はできるだけ「自己資本」で取得する

（参考）主な資産の税法上の耐用年数

　　　　土地……減価償却不可
　　　　建物……鉄筋、鉄骨コンクリート作り　事務所　50年　飲食店用　41年
　　　　車両運搬具……貨物自動車　5年　乗用車　6年
　　　　備品……事務机　椅子（金属製　15年　木製　8年）
　　　　機械装置……業種により異なるが、8年から10年ぐらい
　　　　ソフトウェア……5年
　　　　賃貸借の造作費（店舗の内装など）……10年から15年ぐらい

「償却前利益」をもとに返済計画を立てるのは危険

　会社の業績が良く利益がたくさん出ている時は、いけいけどんどんで社長も強気になり銀行など金融機関もちやほやしてくれます。

　「これだけ利益が出ているから、一丁自社ビルでも建てるか」と「償却前利益」をもとに借入金の返済原資を考え、自社ビルなど土地、建物（固定資産）を購入しますと、利益が下がった時には「償却前利益」も下がりますので借入金の返済に苦しむことになります。

　実際に「償却前利益」の低下に苦しみ経営破綻した例をご紹介します。
　2002年にアパレルの上場会社イタリアード株式会社が倒産（自己破産）しました。イタリアードはバブル期に婦人服の販売で業績を伸ばし、1992年には京都市中央区にモダンな本社ビルを多額の借入れにより建設しました。

　バブル期で売上・利益も上がり「償却前利益（当期純利益＋減価償却費）」が大きい時は借入金の返済原資には困りませんが、バブルがはじけて、この「償却前利益」が低下してきますと返済財源がないため借入金の返済ができなくなってきます（同社は倒産前4年間赤字に陥っています。）。

　最終的には、「固定資産　約70億円」「負債総額　約63億円」で倒産しています。ほかにも売上減少で商品在庫が増大（約21億円）しているため「運転資金」も増大、さらにそごう、マイカルの倒産で売掛金約1億3千万円が貸倒れ（回収不能）になり、本業不振による赤字も倒産原因になっています。

(6)　「運転資金」「固定資産」の調達財源としての借入金について考える

　会社の借入金を返済する原資は「償却前利益」とお話ししましたが、当然

この「償却前利益」は会社によって決まっています。「償却前利益」が同じであれば借入金の返済額が少ない方がお金に余裕が出ます。

　同じ1,000万円を借りた場合でも、1年返済の場合には月々の返済額は約83万円（元本返済のみの計算）ですが5年返済の場合に月々の返済額は約17万円（元本返済のみの計算）なります。

　当然ですが、同じ借入れをするのであれば返済期間が長い方が月々の返済が少ないので資金繰りが楽になります。

　固定資産の取得など「設備資金」は銀行など金融機関も8年から10年の長期で貸してくれるのでいいのですが、問題は「運転資金」です。どうしても「運転資金」の場合、期間を短く設定されてしまいます。

　しかし、売掛金や受取手形、商品や製品などの在庫がある会社では、商売を続けている限り運転資金はなくなりません。そして、会社が成長・発展する段階ではさらに運転資金は増大していきます。したがって「運転資金」の借入れも「長期借入金」で借りましょう。できれば5年以上で借りてください。間違っても1年の「手形借入金」などで借りてはだめです。理由は「運転資金」は会社が存続する限りなくならないからです。

　また、運転資金を「当座借越（銀行など金融公庫から見ると「当座貸越」）」を使うのもお勧めです。この制度は銀行の当座預金残高がなくなった場合、一定の限度額（これを「極度額」といいます。）までマイナスになる制度です。

　個人の総合口座をイメージしていただくとわかりやすいと思います。総合口座では、定期預金がありますとそれを担保として普通預金がマイナス残になります（通常、定期預金の90%まで、最高200万円）。

　当座借越も、総合口座と同じように資金が必要な時は当座預金残高がマイナスになりますので銀行からの借入れが可能です。

　たとえば、「極度額」5,000万円の当座借越契約を結びますといつでも5,000万円まで借入れができます。また、この当座借越は資金の余裕がある時は使わなければ支払利息の節約にもなりますし、一時的に売上が増大し「運転資

金」も増大する場合などに非常に使い勝手のいい金融商品です。

　ただし、この「当座借越契約」は無担保での設定はなかなか困難です。土地など担保物件がある時や、保証協会の枠が余っている場合など、銀行など金融機関が営業に来た際に聞いてみてください。

　運転資金を長期借入金や当座借越を使用せず短期の借入金で調達した場合、最悪「貸し渋りや、貸し剥がし」に遭いますと会社は倒産してしまいますので注意が必要です（下記コラム参照）。

　また、「運転資金」を借入れでまかなうのが、どうしてもいやな場合には、その分だけ「自己資本（純資産）」を貯めてください。「運転資金」が3,000万円の場合、「自己資本（純資産）」が3,000万円あれば、「運転資金」を銀行などから借りなくても全額「自己資本（純資産）」でまかなうことができます（「固定資産」など他の資産がないことが前提になります。）。

　固定資産の取得や運転資金がどのような財源（自己資本、借入金）でまかなわれているかはこの後解説していきます。

コラム　「運転資金」は長期借入金、当座借越で調達しよう！

　「運転資金を借りたい」と銀行など金融機関に相談すると3年から5年返済と返済期間が短い融資を勧められます。短期の融資の方が支払う利息も安いのでついつい話に乗ってしまいますが、ご承知の通り運転資金には「減価償却費」はありませんので借入金の元本返済額だけが発生します。

　これが「減価償却費＜借入金元本返済」の大きな原因になっている会社が多いです。

　くどいようですが、運転資金には減価償却費は発生しませんので、運転資金も返済期間の長い返済期間10年ぐらいの長期借入金で調達しましょう。

また、会社の財務内容が良く（固定資産も運転資金も「純資産」でまかなえる 98 ページ参照）なるまでは、元本返済の必要のない「当座借越」を利用しましょう。

　まちがっても運転資金を「手形借入金」で調達するのはやめましょう（現在、運転資金を手形借入金で調達している会社は銀行など金融機関にに「当座借越」に変更できないか打診してください。）

　何年か前の話になりますが銀行など金融機関の「貸し渋り、貸し剥がし」が問題になりました。

　実際に貸し渋り、貸し剥がしの対象となったのは「長期の借入金」は少なくほとんどが「短期の借入金」で「手形借入金」と呼ばれるものでした。

　会社が運転資金を借りる時に、この「手形借入金」が使われます。「手形借入金」の期間は通常 1 年間で期日が来ますと、銀行など金融機関はその手形を更新してくれました（これを「折り返し融資」といいます。）。

　しかし、銀行など金融機関が国際基準の「自己資本比率」を満たすために、融資枠を縮小する必要に迫られ、真っ先に狙われたのがこの「手形借入金」です。

　今までは、期日がきたら手形を更新してくれましたが、ある日突然「手形借入金の期日ですから返済してください。そして手形の更新は今回はしません。つまり、折り返し融資はしません。」と宣告されたわけです。

　先ほど、お話ししましたように、売掛金、受取手形、商品・製品在庫などがある会社では、事業を続けている限り「運転資金」はなくなりません。

　運転資金2,000万円を「手形借入金」で調達していた会社が、ある日突然その融資を打ち切られたらそのお金をどこかから調達しなければなりませんから、万一資金調達がうまくいかなければ最悪倒産してしまいます。

① 「運転資金」「固定資産」の調達財源は？

前に「自己資本対固定資産比率」のところで解説しましたが、「自己資本対固定資産比率」が100％以下の状態では、会社で長期的に使用される土地、建物、機械、備品などの固定資産が返済の必要のない純資産（自己資本）ですべてまかなわれていますので理想的といえます。

B/S

固定資産 3,000万円	資本金＋利益剰余金 （内部留保） 3,000万円

自己資本（純資産）

「運転資金」のない会社、又は「運転資金余剰」の出る会社はこの考え方でいいですが、「運転資金」が必要な会社はこの「運転資金」の調達財源も考える必要があります。

運転資金と固定資産の調達財源を表したのが **事例** のＡの貸借対照表（B/S）です。

この会社は、「固定資産」も「運転資金」もすべて「純資産（自己資本）」でまかなっています。

「固定資産」をすべて「純資産（自己資本）」でまかなった状態である「自己資本対固定資産比率」100％以下を実現するのはかなり難しいです。さらに会社の貸借対照表（B/S）を「運転資金」まで「純資産（自己資本）」でまかなうこの状態にするのは至難の業といえますが、キャッシュフロー経営の理想形といえ、キャッシュフロー（資金繰り）は非常に良好な状態になります（98ページ　コラム参照）。

事例 のＢの貸借対照表（B/S）は、「固定資産」「運転資金」の両方が、「純資産（自己資本）」と長期借入金（当座借越を含む。又は固定負債）でま

かなわれている状態です。

　最低でもこの貸借対照表（B/S）の状態にしたいです。ただこの場合は、前に解説した「借入金の年間返済額と減価償却費の関係」に注意してください。

事　例

A

B/S

運転資金	22%	純資産（自己資本）	
固定資産	38%		60%
	100%		100%

（注）　「総資産」「総資本」をそれぞれ100%として計算
　　　　「運転資金」の求め方は運転資金の58ページをご覧ください。

B

B/S

		長期借入金 （当座借越を含む）	
運転資金	25%		
		又は固定負債	
			40%
固定資産	40%	純資産（自己資本）	
			35%
	100%		100%

ポイント

・固定資産と運転資金の両方を純資産（自己資本）と長期借入金（当座借越を含む）など長期の返済資金でまかなっている

・借入金の年間返済額が減価償却費に近い金額であれば OK

　できれば、年間返済額　≦　減価償却費　が理想

コラム 「運転資金」「固定資産」ともに純資産（自己資本）でまかなわれている例

　下記の2社は財務内容の良いことで有名ですが、2社とも「固定資産」も「運転資金」も返済の必要のない「純資産（自己資本）」ですべてまかなっています。

ファンケル

B／S

流動資産	56.4	流動負債	16.7
		固定負債	12.3
（運転資金	22.6)	自己資本（純資産の部）	71.0
固定資産	43.6		
	100		100

（2020年3月期　連結貸借対照表（B/S）より）

ユニクロ

B／S

流動資産	81.5	流動負債	23.7
		固定負債	27.4
（運転資金	13.9)	自己資本（純資産の部）	48.9
固定資産	18.5		
	100		100

（2020年3月期　連結貸借対照表（B/S）より）

② 借入金の年間返済額を減らせないか考えよう

　借入金の年間返済額が償却前利益に近い会社、すでに償却前利益を超えている会社、又は下記 **事例** のCの貸借対照表（B/S）のように、「固定資産」と「運転資金」の合計額が「純資産（自己資本）」と長期借入金（当座借越を含む。又は固定負債）でまかなえず短期借入金（流動負債）調達しているケースは、キャッシュフロー（資金繰り）が苦しくなりますので借入金の年間返済額を減額する必要があります。

　遊休の不動産の売却、保険積立金の解約、運転資金の減少などにより短期借入金を返済する、また運転資金で借りている短期借入金を当座借越に変更するのも有効です。

　さらに銀行など金融機関が営業に来た際には、返済期間が短い借入金を返済期間の長い（月々に元本返済額が少なくなる）借入金に借り換えできないか聞いてみてください。このように既存の借入金を新規の借入金に借り換えることを「旧債振替」といい、原則禁止されていますが、保証をしている「保証協会」が承諾してくれれば可能です。プロパー融資（金融機関独自の融資）の旧債振替は通常できません。
　もちろん、損益計算書（P/L）である程度「当期純利益」が出ていることが条件になりますので、会社の業績がいい時を見計らって交渉してください。

C

B/S

運転資金　　　　30%		
	長期借入金 （当座借越を含む） 又は固定負債 　　　　　　　　30%	
固定資産　　　　40%	純資産（自己資本） 　　　　　　　　20%	
100%		100%

ポイント

　上記の貸借対照表（B/S）のように「固定資産」と「運転資金」の合計額が「純資産（自己資本）」と長期借入金（当座借越を含む。又は固定負債）でまかなえず、短期借入金（流動負債）調達している会社、借入金の年間返済額が償却前利益に近い会社、すでに償却前利益を超えている会社は、以下の方法などで借入金の年間返済額の減少を目指しましょう！

・遊休の不動産、保険積立金の解約、運転資金の減少（滞留売掛金の回収や滞留在庫の処分など）による資金で短期借入金を返済

・運転資金で借りている借入金を「当座借越」に変更（資金的余裕ができるまで利息だけ支払う）

・旧債振替により借入金の返済期間の長いものに借り換え、月々の借入金の元本返済額を減らす

・最後の手段はリスケジュール（リスケ）を行う（リスケジュールについて

は下記③をご覧ください。）

③ 最終手段はリスケジュール（リスケ）

　借入金の総額（短期借入金＋長期借入金）を「償却前利益（当期純利益＋減価償却費）」で割ったものを「債務償還年数」といいます。

　たとえば、償却前利益が2,000万円の会社で借入金の総額が1億円の場合には借入金の返済年数は5年となり、2億円の場合には10年になります。ただし、多額の現金預金がある場合には、借入金の総額から現金預金を控除して計算してください。

　この「債務償還年数」が20年を超える場合、年間の借入金返済額が返済Maxの「償却前利益」まで近づいてきた、又はもう超えてしまった場合には、銀行など金融機関は新規の融資になかなか応じてくれないようになります。

　当然、会社の資金繰りも悪化し、「火の車」状態になります。

　このような時に、商工ローンや街金（まちきん）など高金利の融資を受けますと一発で会社はおかしくなりますから絶対に手を出してはいけません。

　早めに、銀行など金融機関に「リスケジュール（通称リスケ）」をお願いしましょう。

　「リスケジュール」とは銀行など金融機関に借入条件の変更（減額）をお願いすることです。たとえば、あと2年で返済の終わる借入金を5年返済に切り替えてもらう、最終手段としては元本の支払いを一時停止してもらい金利だけ払う方法などがあります。

　月々100万円の元本返済をしている場合には、1年間元本の支払いがなければ1,200万円お金が浮きます。2年間元本の支払いがなければ2,400万円お金が浮きますので、この間に必至で会社の立て直しを行います。

　この「リスケジュール」は借入金の「元本免除」ではありませんので、約束の期間が過ぎましたら再び元本を返済していきます。

この「リスケジュール」ですが、銀行などからの「プロパー融資（金融機関の直接融資）」はなかなか受け付けてくれないようですが、「信用保証協会付き融資」は相談に乗ってくれますので、最悪の事態を迎えないよう早目の対策を行ってください。

　ただし、「リスケジュール」を受けますと会社の業績、財務内容が完全に健全になるまでは次の融資は受けられませんので、リスケジュールを行う場合には慎重な判断をお願いします。

貸借対照表（B/S）に多額の「前払費用」は計上されていませんか。

この「前払費用」で比較的大きな金額になるのが銀行など金融機関から融資を受ける際に「保証協会」に支払う「保証料」です。

この「保証料」は原則全額前払いになります。たとえば、5年分の保証料を一括して支払いますと当期分は費用に計上できますが、残りの4年分は当期の費用にすることは認められず、「前払費用」として貸借対照表（B/S）に計上する必要があります。

実は私も最初は知らなくて保証料は一括払いをしていました。ところが、ある顧問先が1年ごとに保証料の支払いをしており、「社長、保証料は年払いできるのですか？」と質問したところ、その社長さんは「うちはいつもそうだよ」とのお答えでした。

そこで、私も次の融資を受ける際に銀行の方に「保証料は年払いでお願いします。」と言ったところ、銀行の方は少し怪訝な顔をされましたが、何の問題もなく年払いにしてくれました。

皆さんの会社も融資の際の「保証料」の負担はかなり大きいと思います。無理して一括払いしないで年払いにしたらいかがでしょうか。何も先に払う必要のないものを先払いすることはありませんから…。

第3章　キャッシュフロー計算書

キャッシュフロー計算書は、国際会計基準導入の一つとして2000年3月期から上場会社にその作成が義務付けられました。

　キャッシュフロー計算書の内容は、「会社の1年間のお金の流れを計算している。」といえます。すなわち、このキャッシュフロー計算書をみますと、会社が1年間にどのようにお金を稼ぎ、またお金を使ったか、銀行から借入金としていくら資金を調達したか、銀行にいくら借入金を返済したか、そして決算期末に現金預金がいくらあるかなどがわかります。

　従来の決算書である、「貸借対照表」「損益計算書」では、会社のお金の動き把握することは困難でした。また、「損益計算書」でいくら利益が計上されていてもそれだけの現預金が残っていないという問題点もあります。

　復習になりますが、簡単な例を使って説明していきましょう。たとえば、ある会社で500万円で仕入れた商品を1,000万円で販売したとします。この取引だけで損益計算書を作成しますと次のようになります。

損益計算書（P/L）

		売上高	1,000万円
売上原価	500万円		
当期純利益	500万円		

　損益計算書（P/L）をみますと、当期純利益が500万円計上されています。しかし極端な話、この会社の社長が儲かったからといって高級車を500万円で購入しますと、この期に稼いだ現金預金はすべて消えます。また、売上の1,000万円を掛売りで販売していた場合、売掛金という資産は増加しますか現金預金は売掛金を回収するまで入ってきません。

　決算後2ヶ月又は3ヶ月以内に法人税の申告を行い、税金を約150万円（当期利益　500万円×　税率約30％）支払わなければなりませんが、高級車を購入したり売掛金を回収していない場合、納税資金が不足するケースが考えられます

　このように、当期純利益と現金預金の増加とは全く別のものになります。すなわち、損益計算書を見ただけでいくら現金預金がいくら増加したかはわからず、キャッシュフロー計算書をみて初めてお金の流れがつかめます。

(1) キャッシュフロー経営とは

　最近、「キャッシュフロー経営」や「キャッシュフロー重視の経営」という言葉をよく耳にします。この「キャッシュフロー経営」は、まさに「キャッシュフロー計算書」による現金預金の流れを重視し、毎期毎期「現金預金」の残高を大きくしていく経営のことをいいます。

　先ほど、簡単な例を使って当期純利益と現金預金の増加額が一致しないことをお話しましたが、会社経営ではほかに「当期純利益」と「現金預金増加額」が一致しない原因として、稼いだ利益が売掛金として残り、回収されていなかったり、商品の在庫に変わっていたりしているケース、資金が建物、機械、備品や車両などの固定資産の購入に充てられたり、借入金を返済しているケースなどがあります。

　バブル経済以前であれば、損益計算書で「当期純利益」がある程度計上されていれば銀行など金融機関が融資をしてくれました。しかし現在では、担保としての土地の価値が下がっていることもあり、利益が出ているからといって金融機関が簡単に融資に応じてくれなくなりました。そのため、会社では「当期純利益」を計上すると同時に「現金預金」の残高を増やしていくことも非常に重要になってきています。

　また、「キャッシュフロー」を重視しませんと、たとえば販売した売掛金が得意先の倒産により回収不能になったり（2015年に経営破綻したスカイマーク株式会社（航空会社）では配当率が約10%でしたので、売掛金の90%程度は回収不能になりました。）、利益以上に設備投資を行い借入金の返済が不能になるなど、利益が出ているのに資金繰りに行き詰まるという事態が起こります（これを「黒字倒産」といいます。）。

　キャッシュフロー計算書は、現在、上場企業にだけその作成が義務付けられていますが、上記のような理由から非上場企業においても作成することが望ましいと考えます。

(2) 甘い決算、辛い決算

「キャッシュフロー計算書」や「キャッシュフロー経営」が重視されているもう一つの理由は、損益計算書の作成方法（これを「発生主義」といいます。）により、会計処理方法によっては利益を多く計上すること（これを「甘い決算」といいます。）や、逆に利益を少なくすること（これを「辛い決算」といいます。）が可能なためです。

たとえば、繰延資産を計上するかしないか、減価償却の方法を「定額法」にするか、「定率法」するかによって「当期純利益」は変動します。これらは合法的な方法ですが、仮に「粉飾決算」を行っている場合には、公認会計士などのプロでないとなかなか見破るのは難しいといわれています。

その点、「キャッシュフロー計算書」はキャッシュ（現金預金）の1年間の増減が表示されますのでごまかしようがありません。プロでないとなかなか見破るのは難しいといわれている「粉飾決算」も「キャッシュフロー計算書」の「営業活動によるキャッシュフロー」がマイナスになっていきますので、そこから見つけ出すことができます。

(3) キャッシュフロー計算書の区分

キャッシュフロー計算書は、会社がどのようにキャッシュを獲得したかが、またどのようにキャッシュの支払いをしたかが明らかになるよう次のように三つに区分されています（実際のキャッシュフロー計算書につきましては119、120ページをご覧ください。）。

Ⅰ　営業活動によるキャッシュフロー
Ⅱ　投資活動によるキャッシュフロー
Ⅲ　財務活動によるキャッシュフロー

① 「営業活動によるキャッシュフロー」とは

「営業活動によるキャッシュフロー」とは、商品や製品などの売上や仕入、人件費や販売管理費などの支払い、利息の受け取りや支払いなどの営業活動により、いくらキャッシュが増減したかを表しています。今回は説明がしやすい「直接法」を使用しています。119ページの「キャッシュフロー計算書」をご覧ください。

「営業活動によるキャッシュフロー」には、
- イ　営業収入、すなわち売上による資金収入
- ロ　原材料や商品の仕入による資金支出
- ハ　人件費やその他の販売費及び一般管理費の資金支出
- ニ　利息や配当金の受取額
- ホ　利息の支払額
- ヘ　法人税等の税金の支払額

などが表示されています。

「営業活動によるキャッシュフロー」の欄「小計」の下には、利息及び配当金の受取額、利息の支払額、及び法人税などの税金の支払額など記入されます。
　最後の「営業活動によるキャッシュフロー」の金額（設問では、5,286百万円）が損益計算書の「当期純利益」に近い金額をキャッシュフローで表した金額になります。
　固定資産売却益や売却損、（投資）有価証券売却益や売却損はキャッシュフロー計算書では「投資活動によるキャッシュフロー」に記載され、損益計算書（P/L）の当期純利益とは必ずしも範囲が一致しませんのでご注意ください。

「営業活動によるキャッシュフロー」の金額　＞　損益計算書の「当期純利益」
であれば、その会社は損益計算書に計上された「当期純利益」よりもキャッシュフロー（資金繰り）が良いことを表しています。通常この「営業活動に

よるキャッシュフロー」から設備投資を行い、借入金の元本を返済していきますので「当期純利益」より「営業活動によるキャッシュフロー」が多いことが望ましいといえます（固定資産売却益や売却損、（投資）有価証券売却益や売却損がある場合は除いて計算してください。）。

　逆に、

「営業活動によるキャッシュフロー」の金額　＜　損益計算書の「当期純利益」

であれば、その会社は当期純利益だけキャッシュ（現金預金）が残っていないことになり、それだけ資金繰りが苦しいことを表しています。また、税金は「当期純利益」に対して課税され見かけ以上に税負担が重くなりますので、このような会社は資金繰りが苦しくなります（固定資産売却益や売却損、（投資）有価証券売却益や売却損がある場合は除いて計算してください。）。

②　「営業活動によるキャッシュフロー」は黒字が不可欠

　「営業活動によるキャッシュフロー」とは、上記で解説しましたように、文字通り売上による収入、仕入や人件費などの販売費及び一般管理費などの支払い、そして利息や配当金の受け取り、金利や法人税等の支払いなど広い意味の「営業活動」から得られるキャッシュフローです（意味としては上記の解説のように損益計算書（P/L）の「当期純利益」に近い概念です。）。

　この「営業活動によるキャッシュフロー」がマイナスですと、会社は所有資産を売却して資金を得たり、銀行など金融機関から資金を調達しない限り資金繰りに行き詰まります。さらにこれらの方法で一時的に資金が調達できたとしても、毎年この「営業活動によるキャッシュフロー」がマイナスですと、いずれは倒産となります。

　したがって、この「営業活動によるキャッシュフロー」は、たとえば「リストラにより多額の早期優遇退職金を支払ったため一時的にマイナスになった」などの理由以外には、必ずプラス（黒字）であることが必要不可欠です。

　そして、この「営業活動によるキャッシュフロー」が大きい会社ほど、

キャッシュフロー的には良い会社ということができます。

　また、この「営業活動によるキャッシュフロー」が大きければ、土地、建物、機械などの設備投資やM&A（企業買収や合併）などの「投資活動によるキャッシュフロー」に多額の資金を使用することができます。

③　「投資活動によるキャッシュフロー」とは

　「投資活動によるキャッシュフロー」とは、会社が土地や建物、機械など固形資産の取得や売却、子会社や関連会社などの投資有価証券及び有価証券の取得や売却などの投資活動により、いくらキャッシュが増減したかを表しています。119ページの「キャッシュフロー計算書」をご覧ください。

　「投資活動によるキャッシュフロー」には、
　　イ　投資有価証券（有価証券）の取得による支出
　　ロ　投資有価証券（有価証券）の売却による収入
　　ハ　固定資産の取得による支出
　　ニ　固定資産の売却による収入
　　ホ　貸付金の支出や回収など、その他投資活動の支出及び収入
が表示されています。

④　「財務活動によるキャッシュフロー」とは

　「財務活動によるキャッシュフロー」とは、会社が短期借入金や長期借入金で資金を調達したり、借入金の返済、社債の発行や償還、増資による新株の発行、配当金の支払いなどの財務活動により、いくらキャッシュが増減したかを表しています。119ページの「キャッシュフロー計算書」をご覧ください。

　「財務活動によるキャッシュフロー」には、
　　イ　短期借入れによる収入
　　ロ　短期借入金の返済による支出
　　ハ　長期借入れによる収入

ニ　長期借入金の返済による支出

　ホ　社債の発行による収入

　ヘ　社債の償還による支出

　ト　株式の発行による収入

　チ　自己株式の取得や売却

　リ　配当金の支払額

　ヌ　その他財務活動の支出及び収入

が表示されています。

⑤　「現金及び現金同等物」とは

　キャッシュフロー計算書は、**「現金及び現金同等物の期末残高」**で終わっています。

　現金には、**手許現金と要求払預金**が含められます。要求払預金とは、顧客が事前の通知なしで、又は数日の事前通知により元本を引き出せる期限の定めのない預金をいいます。たとえば、普通預金、当座預金、通知預金があります。

　また、現金同等物とは、**容易に換金可能であり、かつ、価値の変動について僅少なリスクしか負わない短期投資**をいいます。現金同等物の例としては、取得日から満期日又は償還日までの期間が3ヶ月以内の短期投資である定期預金、譲渡性預金、コマーシャル・ペーパー、売戻し条件付現先及び公社債投資信託などがあります。

⑥　「営業活動によるキャッシュフロー」と「投資活動によるキャッシュフロー」との関係

　「投資活動によるキャッシュフロー」は通常マイナスになります。

　会社は、現在行っている事業に対しても常に設備投資が必要です。たとえば、本社や工場などの建物は維持管理のために多額の補修費などが必要ですし、メーカーの場合には製品を製造する古い機械を新しい機械に入れ替えたり、運送業の場合には、新しいトラックへの買い替えなどの設備投資が必要

になります。

　また、現在行っている事業とは別に新規事業に参入する際には多額の投資が必要ですし、新分野に進出する場合や経営の拡大をする場合には、積極的なM&A（企業買収や合併）をしていきます。

**　このような理由から「投資活動によるキャッシュフロー」は通常マイナスになります。**

　次に、「営業活動によるキャッシュフロー」と「投資活動によるキャッシュフロー」との関係をみます。

　通常、「営業活動によるキャッシュフロー」と「投資活動によるキャッシュフロー」との関係は、

「営業活動によるキャッシュフロー」＞「投資活動によるキャッシュフロー」
になります。

　すなわち、「営業活動によるキャッシュフロー」の範囲内で設備投資などの投資活動が行われるのが一般的であり、かつ安全です。

　ただし、工場を新設した場合や大規模な設備投資をした場合、新規事業に参入した時や大規模なM&A（企業買収や合併）をした年など一時的に「投資活動によるキャッシュフロー」が「営業活動によるキャッシュフロー」を上回るケースがあります。

　したがって、この「営業活動によるキャッシュフロー」と「投資活動によるキャッシュフロー」との関係は1年間で判断するのではなく複数年（3年〜5年間）を合計してみるようにしましょう。

　もし、複数年（3年〜5年間）を合計して、

「営業活動によるキャッシュフロー」＜「投資活動によるキャッシュフロー」
の場合、営業活動の利益で獲得したキャッシュ（現金預金）以上に投資などの設備投資をしているわけです。この場合、その下の区分の「財務活動によるキャッシュフロー」に無理がないかチェックしてみましょう。

⑦ 「財務活動によるキャッシュフロー」との関係をみる

　上記で説明しましたように、「投資活動によるキャッシュフロー」が「営業活動によるキャッシュフロー」を上回るケース（すなわち「営業活動によるキャッシュフロー」＜「投資活動によるキャッシュフロー」の場合）には、営業活動の利益で獲得したキャッシュ（現金預金）以上に投資などの設備投資などをしているわけですから、このままではどんどんキャッシュ（現金預金）は減少していきます。そのため、その不足分を「財務活動によるキャッシュフロー」で補わなくてはなりません。

　次は、「財務活動によるキャッシュフロー」のどの項目でキャッシュを補っているかみてください。

　「株式の発行による収入」、すなわち増資により資金を調達している場合には問題ありません。なぜならば、増資による資本金の増加は返済義務がないからです。ただし、敵対的買収（M & A）や TOB には注意が必要です。

　しかし、「営業活動によるキャッシュフロー」が少ない会社、若しくはマイナスである会社は、当然「当期純利益」も少なく（若しくは赤字）、増資に応じてくれる株主は一般に稀だと思いますので、「株式の発行による収入」、すなわち増資により資金を調達するのは不可能であるケースがほとんどです。

　したがって、このような会社は銀行など金融機関からの借入れにより資金を調達するのが一般的です。

　このように資金繰りを借入金に依存している会社は、当然、その借入金の元本を返済していかなければなりません。

　借入金の元本を返済していくキャッシュ（現金預金）の原資は、「営業活動によるキャッシュフロー」になりますので、この「営業活動によるキャッシュフロー」が将来、借入金の元本を返済できるだけ増加することができない会社は、最悪のケースでは倒産してしまいます。

⑧ キャッシュフローからみる三つの代表的パターン

　「営業活動によるキャッシュフロー」「投資活動によるキャッシュフロー」

「財務活動によるキャッシュフロー」の内容につきまして解説してきましたが、これら三つのキャッシュフローの代表的パターンは次の通りです（数字は簡素化してあります。）。

（成長企業・ベンチャー企業型）

営業活動によるキャッシュフロー	80
投資活動によるキャッシュフロー	△170
財務活動によるキャッシュフロー	100
現金及び現金同等物等の増加額	10

　大規模な設備投資や、新規事業に参入、大規模なM&A（企業買収や合併）などの「投資活動によるキャッシュフロー」が「営業活動によるキャッシュフロー」を上回っています。成長企業や積極的に発展しているベンチャー企業にみられるパターンです。

　前に解説しましたように、「株式の発行による収入」、すなわち増資により資金を調達している場合には非常に安定しています。

　しかし、銀行など金融機関からの借入れにより資金を調達している場合には、計画通りの「営業活動によるキャッシュフロー」ができない場合には危険を伴います。注目のベンチャー企業が急に倒産するのはこのパターンが多いです。

イ　安定企業型

営業活動によるキャッシュフロー	100
投資活動によるキャッシュフロー	△ 20
財務活動によるキャッシュフロー	△ 30
現金及び現金同等物等の増加額	50

　社歴の長い優良企業に多く見られるパターンで経営的には一番安定しています。「営業活動によるキャッシュフロー」のプラス、「投資活動によるキャッシュフロー」のマイナスは当然ですが、「財務活動によるキャッシュフロー」もマイナスで、確実に借入金を返済していながら、「現金及び現金同等物等」は増加しています。

ただし、新商品の開発、新規事業に参入、大規模な M&A（企業買収や合併）などの「いわゆる未来のための投資」が少ないと守りの経営になり、現在行っている事業に陰りが見えたときに弱いという欠点を持ちます。

ロ　危険企業型

営業活動によるキャッシュフロー	△ 50
投資活動によるキャッシュフロー	70
財務活動によるキャッシュフロー	△ 30
現金及び現金同等物等の増加額	△ 10

　「営業活動によるキャッシュフロー」は赤字のためマイナスになっています。そのマイナスを補うため、過去に取得した土地などの固定資産や投資有価証券の売却、保険や敷金などの解約をして「投資活動によるキャッシュフロー」はプラスになっています。銀行など金融機関からも支援が受けられず新規の借入れができなくなり、さらに過去の借入金を返済しているので「財務活動によるキャッシュフロー」はマイナスになっています。

　当然、「現金及び現金同等物等」は毎年減少していきますので、主要資産の売却により借入金を適正規模まで圧縮し、経費節減により「営業活動によるキャッシュフロー」を一日も早くプラスにしないと資金繰りに行き詰まり、いずれ倒産してしまいます。

⑨　フリー・キャッシュフローとは

　フリー・キャッシュフローとは、会社がフリー、まさに自らの意思で自由に使えるキャッシュ（現金預金）のことをいいます。
　このフリー・キャッシュフローは、「キャッシュフロー計算書」にはどこにも表示されませんが、下記算式により計算されます。

「営業活動による　　　　＿　「投資活動、現事業を
　キャッシュフロー」　　　　　維持するための投資」

　119ページのキャッシュフロー計算書ではフリーキャッシュフローは、
1,826百万円と計算されます（営業活動によるキャッシュフロー5,286百万円
－投資活動によるキャッシュフロー3,460百万円　投資活動によるキャッ
シュフローは通常△（マイナス）のため、計算にあたっては△（マイナス）
は無視して計算します。）。

⑩　フリー・キャッシュフローの活用方法

　フリー・キャッシュフローは、会社が自らの意思で自由に使えるキャッ
シュ（現金預金）のことですから、「キャッシュフロー経営」の観点からは
この「フリー・キャッシュフロー」の多い会社ほど優良な会社です。
　欧米では企業の評価基準として、この「フリー・キャッシュフロー」を
もっとも重視しています。理由はこの「フリー・キャッシュフロー」が少な
いと新規事業に参入したり、積極的なM&A（企業買収や合併）など「未来
のための投資」ができないからです。
　日本では、今までは「損益計算書（P/L）」重視の経営を行ってきたため、
「当期純利益」が計上されていれば「キャッシュフロー」にはあまり注意は
払われていませんでした。
　しかし日本においても、昨今「会計のグローバル・スタンダード」が叫ば
れており、企業の評価基準も欧米と同様に「フリー・キャッシュフロー」の
大きさが問題となり、まして「フリー・キャッシュフロー」が複数年にわ
たってマイナスの会社は、市場から撤退を余儀なくされることとなるでしょ
う。

　また、会社がフリー（自由）に使えるフリー・キャッシュフローは、通常
次のように活用されます。

イ　新規事業に参入する場合の設備投資や積極的なM&A（企業買収や合併）など「**未来のための投資**」のために使用する。
　ロ　借入金の返済や社債の償還など「**財務内容を改善**」するために使用する。（逆にいいますと、「フリー・キャッシュフロー」がなかったり、少ない場合には借入金を返済できません。）
　ハ　配当金を多くしたり、自社株を購入して株価の引き上げなど「**株主への利益還元**」のために使用する。

⑪　フリー・キャッシュフローが大きい会社が「勝ち組企業」

　最近、特に企業業績が良い会社が会社更生法や民事再生法を申請した会社を救済したり、積極的なM&A（企業買収や合併）を行い、いわゆる「勝ち組企業」と「負け組企業」の差
が一段とはっきりしてきています。
　これら会社の救済や積極的なM&A（企業買収や合併）は、「フリー・キャッシュフロー」が大きくなければ行えないため、この「フリー・キャッシュフロー」が大きいことが「勝ち組企業」と認められる条件になります。

　企業買収や合併にはあまり関係のない中小企業でも、この「フリー・キャッシュフロー」を是非重視してください。
　先ほどお話しましたように「フリー・キャッシュフロー」が少ないと新規の設備投資はできませんし、まして「フリー・キャッシュフロー」がマイナスになりますと借入金の返済すらままならず、銀行など金融機関から新規の借入れができなくなり、やがて資金繰りに行き詰まり倒産してしまいます。

キャッシュ・フロー計算書（直接法）

会社名　株式会社　●●●

自　令和×年4月1日　至　令和×1年3月31日

（単位：円）

科目	金額
Ⅰ　営業活動によるキャッシュ・フロー	
(1)　営業収入	151,337,211
(2)　原材料又は商品の仕入れによる支出	△ 71,380,578
(3)　人件費支出	△ 48,507,691
(4)　その他の営業支出	△ 25,197,006
小計	6,251,936
(5)　利息及び配当金の受取額	146,044
(6)　利息の支払額	△ 462,372
(7)　法人税等の支払額	△ 1,230,000
(8)　消費税の支払額 (預り消費税)	581,100
(9)　その他の支払額	―
営業活動によるキャッシュ・フロー	5,286,708
Ⅱ　投資活動によるキャッシュ・フロー	
(1)　投資有価証券の取得による支出	△ 2,500,000
(2)　投資有価証券の売却による収入	3,750,000
(3)　固定資産の取得による支出	△ 3,500,000
(4)　固定資産の売却による収入	―
(5)　その他の支出	△ 1,390,073
(6)　その他の収入	180,000
投資活動によるキャッシュ・フロー	△ 3,460,073
Ⅲ　財務活動によるキャッシュ・フロー	
(1)　短期借入れによる収入	5,000,000
(2)　短期借入金の返済による支出	△ 6,500,000
(3)　長期借入れによる収入	4,000,000
(4)　長期借入金の返済による支出	△ 4,200,000
(5)　社債の発行による収入	―
(6)　株式の発行による収入	―
(7)　配当金の支払額	△ 1,500,000
(8)　その他の収入	―
(9)　その他の支出	―
財務活動によるキャッシュ・フロー	△ 3,200,000
Ⅳ　現金及び現金同等物に係る換算差額	―
Ⅴ　現金及び現金同等物の増加額	△ 1,373,365
Ⅵ　現金及び現金同等物の期首残高	16,972,137
Ⅶ　現金及び現金同等物の期末残高	15,598,772

★エクセルデータをダウンロードいただけます（194ページ参照）。

キャッシュ・フロー計算書（間接法）

会社名　株式会社　●●●

自　令和×年4月1日　至　令和×1年3月31日

（単位：円）

科目	金額
Ⅰ　営業活動によるキャッシュ・フロー	
税引前当期利益	6,338,173
受取手形の減少額	1,150,000
売掛金の増加額	△4,147,219
棚卸資産の増加額	△1,851,754
支払手形の増加額	500,000
買掛金の増加額	701,989
退職給与引当金の増加額	2,500,000
減価償却費	4,086,522
貸倒引当金の増加額	50,000
未払費用の減少額	△2,798,720
前払費用の減少額	156,617
投資有価証券売却益	△750,000
小　　　計	5,935,608
法人税等の支払額	△1,230,000
消費税の支払額（預り消費税）	581,100
営業活動によるキャッシュ・フロー	5,286,708
Ⅱ　投資活動によるキャッシュ・フロー	
(1)　投資有価証券の取得による支出	△2,500,000
(2)　投資有価証券の売却による収入	3,750,000
(3)　固定資産の取得による支出	△3,500,000
(4)　固定資産の売却による収入	—
(5)　その他の支出	△1,390,073
(6)　その他の収入	180,000
投資活動によるキャッシュ・フロー	△3,460,073
Ⅲ　財務活動によるキャッシュ・フロー	
(1)　短期借入れによる収入	5,000,000
(2)　短期借入金の返済による支出	△6,500,000
(3)　長期借入れによる収入	4,000,000
(4)　長期借入金の返済による支出	△4,200,000
(5)　社債の発行による収入	—
(6)　株式の発行による収入	—
(7)　配当金の支払額	△1,500,000
(8)　その他の収入	—
(9)　その他の支出	—
財務活動によるキャッシュ・フロー	△3,200,000
Ⅳ　現金及び現金同等物に係る換算差額	—
Ⅴ　現金及び現金同等物の増加額	△1,373,365
Ⅵ　現金及び現金同等物の期首残高	16,972,137
Ⅶ　現金及び現金同等物の期末残高	15,598,772

★エクセルデータをダウンロードいただけます（194ページ参照）。

第4章　資金繰りの実践

(1) 資金運用表

　「資金運用表」は、会社の一定期間における財政状態（資産・負債・純資産）の増減変化を一覧にしたもので、この「資金運用表」から資金の調達（どのようにお金を集めたか？）と資金の運用（どのようにお金を使ったか？）が読み取れます。

　また、この「資金運用表」を作成すると、**第1章**で説明しました「どのような科目が増加・減少したか？」をより視覚的に理解することができます。

① 資金運用表の作成方法

　では、下記モデル会社の前期の貸借対照表（B/S）、当期の貸借対照表（B/S）・損益計算書（P/L）から資金運用表（二分法）と資金運用表（三分法）を作成しましょう（決算書の数字は簡略化してあります。）。

　イ　前期の貸借対照表（B/S）、当期の貸借対照表（B/S）から貸借対照表増減表（資産）（負債・純資産）を作成します。

　　　貸借対照表増減表（資産）（負債・純資産）の資産、負債、純資産の各勘定に前期・当期の数字を入れ、増減を計算します。
　　　なお、簿記の法則に従い、資産の増加は左側（借方）、減少は右側（貸方）に記入し、負債・純資産の減少は左側（借方）、増加は右側（貸方）になります。

　ロ　貸借対照表増減表（資産）（負債・純資産）から資金運用表（二分法）を作成します。

　　　資金運用表（二分法）は「運転」「固定」に分けて記入します。

　ハ　貸借対照表増減表（資産）（負債・純資産）から資金運用表（三分法）を作成します。
　　　資金運用表（三分法）は「運転」「固定」「財務」に分けて記入します。

（前期） 　　　　　　　貸借対照表（B/S）

（流動資産）		（流動負債）	
現金預金	120	支払手形	100
受取手形	160	買掛金	150
売掛金	190	未払金	30
商品	100	（固定負債）	
		長期借入金	290
（固定資産）			
建物	500	資本金	500
備品	100	利益剰余金	100
（資産　合計	1,170）	（負債・純資産　合計	1,170）

（当期） 　　　　　　　貸借対照表（B/S）

（流動資産）		（流動負債）	
現金預金	150	支払手形	80
受取手形	140	買掛金	200
売掛金	260	未払金	40
商品	140	（固定負債）	
		長期借入金	350
（固定資産）			
建物	480	資本金	500
備品	140	利益剰余金	140
（資産　合計	1,310）	（負債・純資産　合計	1,310）

（注1） 「建物」の減少は減価償却費△20　です。
（注2） 「備品」の増減は減価償却費△10　と新規取得＋50　です。
（注3） 「長期借入金」の増減は、元本返済△10と新規の借入れ＋70です。

損益計算書（P/L）

売上原価	700	売上高	1,000
販売管理費			
減価償却費	30		
そ　の　他	230		
当期純利益	40		
（合計	1,000)	（合計	1,000)

貸借対照表増減表（資産）

勘定科目	前　期	当　期	増加	減少	備　　考
現金及び預金	120	150	30		
受取手形	160	140		20	
売掛金	190	260	70		
商品	100	140	40		
建物	500	480		20	減価償却費　△20
備品	100	140	40		減価償却費△10 新規取得50
計	1,170	1,310	180	40	

現金は減る
収入には　マイナス
支出には　プラス

現金は増える
収入には　プラス
支出には　マイナス

（注）　資産移動表（資金収支計算書）作成で使用します。

★エクセルデータをダウンロードいただけます（194ページ参照）。

貸借対照表増減表（負債・純資産）

現金は減る　　　　　　　　現金は増える
収入には　マイナス　　　　収入には　プラス
　　　　　　　　　　　　　支出には　マイナス

勘定科目	前　期	当　期	減少	増加	備　　考
支払手形	100	80	20		
買掛金	150	200		50	
未払金	30	40		10	
長期借入金	290	350		60	返済　△10 新規借入70
資本金	500	500	―	―	
利益剰余金	100	140		40	(P/L) 当期純利益　40
計	1,170	1,310	20	160	
合　　計			200	200	

（注）　資産移動表（資金収支計算書）作成で使用します。

★エクセルデータをダウンロードいただけます（194ページ参照）。

②　資金運用表（二分法）で「運転」と「固定」のバランスを
チェック

　資金運用表（二分法）は「運転」「固定」に分けて記入します。「運転」
は、すなわち短期の資金の流れを、「固定」は、すなわち長期の資金の流れ
を表しています。

　このモデル会社の「運転（短期）」では、「運転資金不足」80が生じていま
すが、「固定（長期）」では、「固定資金余剰」80が出ていますので、短期の
資金不足を、長期資金で補っている形です（このように「運転資金不足（又
は余剰）」と固定資金余剰（又は不足）は必ずプラス・マイナスはゼロにな
ります。）。

　この資金運用表（二分法）は、「運転（短期）」と「固定（長期）」の資金
バランスを見るのには適していますが、現金預金が「運転」の部分に、また
長期借入金が「固定」の部分に入り、これらを除いた本来の「運転」「固
定」の資金の流れが見えにくい面もありますので、その場合には次の資金運
用表（三分法）を作成します。

[資金運用表（二分法）]

	運　　　用		調　　　達	
運　転	現金預金　増	30	支払手形　減	△20
	受取手形　減	△20	買掛金　　増	50
	売掛金　　増	70	未払金　　増	10
	棚卸資産　増	40		
			（運転資金不足）	(80)
固　定	固定資産	50	長期借入金　増	60
	（備品）の取得			
			当期純利益	40
	（固定資金余剰）	(80)	減価償却費	30

・「利益」「資産」「負債」「純資産」の増減が現金預金（キャッシュ）の増減にどう影
　響するかは、第1章「(2)現金預金が増加する原因、減少する原因」をご参照くださ
　い。
・「減価償却費」は現金預金（キャッシュ）の伴わない費用なので「当期純利益」に
　加算します。
　貸倒引当金、賞与引当金、退職給付引当金などの「引当金繰入」も同様です。

③ 資金運用表（三分法）で「運転」「固定」「財務」のバランスを
チェック

資金運用表（三分法）は「運転」「固定」「財務」の三つに分けて記入します。「運転」は、すなわち短期の資金の流れを、「固定」は、すなわち長期の資金の流れ、さらに借入金などの「財務」を表しています。

このモデル会社の「運転（短期）」では、売掛金、棚卸資産（商品）の増加が買掛金の増加より上回っていて、いわゆる「運転資金」が増加したため、「運転資金不足」50が生じています。

「固定（長期）」では、償却前利益（当期純利益＋減価償却費）が70で固定資産の取得が50ですので、「固定資金余剰」20が出ていますが、「運転資金不足」50がありますので全額は穴埋めできていません。

「財務」で長期借入金の増加60がありますので、「運転資金不足」と「固定資金余剰」の差額△30（運転資金不足△50　＋　固定資金余剰＋20）を補い、現金預金が30増加しているのがわかります。

資金運用表（三分法）では、「運転資金不足（又は余剰）」と固定資金余剰（又は不足）、現金預金の増減は必ずプラス・マイナスはゼロになります。

［資金運用表（三分法）］

	運　　用			調　　達	
	受取手形　減	△20	支払手形　減	△20
	売掛金　　増	70	買掛金　　増	50
運　転	棚卸資産　増	40	未払金　　増	10
			（運転資金不足）	(50)
	固定資産	50	当期純利益	40
固　定	（備品）の取得		減価償却費	30
	（固定資金余剰）	(20)		
	（運転資金不足）	(50)	（固定資金余剰）	(20)
財　務				
	現金預金　増	30	長期借入金	60

(2) 資金移動表（資金収支計算書）

資金運用表は、資産・負債・純資産の増減による現金預金（キャッシュ）の増減はわかりますが、どのように資金を獲得し、どのように資金が流失したか現金預金（キャッシュ）の流れ（キャッシュフロー）をみることはできません。

資金移動表（資金収支計算書）は、このような資金の流れ（キャッシュフロー）を表ししたもので、この資金移動表（資金収支計算書）も見るとどのように現金預金（キャッシュ）が会社に入り、どのように現金預金（キャッシュ）が会社から出ていったか、正にお金の流れ（キャッシュフロー）がよくわかります。

また、資金移動表（資金収支計算書）は、先に説明したキャッシュフロー計算書の直接法の要素と間接法の要素が入りますので、実務的にはキャッシュフロー計算書よりもより実務的で理解しやすい資料といえます（ただし、キャッシュフロー計算書とは、区分の方法が異なります。）。

① 資金移動表（資金収支計算書）の作成方法

では、下記モデル会社の前期の貸借対照表（B/S）、当期の貸借対照表（B/S）・損益計算書（P/L）から資金移動表（資金収支計算書）を作成しましょう（資金運用表の決算書と同様です。）。

イ 資金運用表作成の際使用した「貸借対照表増減表（資産）（負債・純資産）」から「資金精算表」を作成します。
　　なお、「修正欄」の修正仕訳は資金精算表の下欄をご覧ください。

ロ 「資金精算表」の損益計算書（P/L）と「修正欄」を加減して「経常資金収支の部」及び「財務・投資収支の部」を作成します。

ハ 「資金精算表」の「経常資金収支の部」及び「財務・投資収支の部」から資金移動表（資金収支計算書）を作成します。

（前期）　　　　　　貸借対照表（B/S）

（流動資産）		（流動負債）	
現金預金	120	支払手形	100
受取手形	160	買掛金	150
売掛金	190	未払金	30
商品	100	（固定負債）	
		長期借入金	290
（固定資産）			
建物	500	資本金	500
備品	100	利益剰余金	100
（資産　合計　1,170）		（負債・純資産　合計　1,170）	

（当期）　　　　　　貸借対照表（B/S）

（流動資産）		（流動負債）	
現金預金	150	支払手形	80
受取手形	140	買掛金	200
売掛金	260	未払金	40
商品	140	（固定負債）	
		長期借入金	350
（固定資産）			
建物	480	資本金	500
備品	140	利益剰余金	140
（資産　合計　1,310）		（負債・純資産　合計　1,310）	

（注1）　「建物」の減少は減価償却費△20　です。

（注2）　「備品」の増減は減価償却費△10　と新規取得＋50　です。

（注3）　「長期借入金」の増減は、元本返済△10と新規の借入れ＋70です。

損益計算書（P/L）

売上原価	700	売上高	1,000
販売管理費			
減価償却費	30		
そ の 他	230		
当期純利益	40		
（合計	1,000)	（合計	1,000)

[資金精算表]

	貸借対照表増減表 借方	貸借対照表増減表 貸方	損益計算書(P/L) 借方	損益計算書(P/L) 貸方	修正記入欄 借方	修正記入欄 貸方	経常収支の部 借方	経常収支の部 貸方	財務・投資資金収支の部 借方	財務・投資資金収支の部 貸方	備考
現金及び預金	30								30		そのまま財務投資に記入
受取手形		20			① 20						
売掛金	70					② 70					
商品	40					③ 40					
建物	40	20			⑥ 20					50	新規取得分50を財務投資に記入
備品					⑥ 10						
支払手形	20					④ 20					
買掛金		50			⑤ 50						
未払金		10			⑦ 10						
長期借入金		60							10	70	新規借入れ70 元本返済額10に分けて記入
資本金	−	−									
繰越利益剰余金		40			⑧ 40						P/L 当期純利益と相殺される
	200	200									
売上高				1000	② 70	① 20		950			P/Lと修正欄を加減して経常資金収支に記入
売上原価			700		③ 40 ④ 20	⑤ 50	710				同上
販売管理費			260			⑥ 30 ⑦ 10	220				同上
当期純利益			40			⑧ 40					B/S利益剰余金と相殺される
経常資金収支							20			20	借方・貸方の差額を記入
合計	400	400	1000	1000	280	280	950	950	90	90	

(修正記入欄の振替仕訳)
① 受取手形の減少を売上に振替（現金預金以外の資産の減少で現金預金はプラスのため売上に加算）
② 売掛金の増加を売上げに振替（現金預金以外の資産の増加はマイナスのため売上から減算）
③ 商品（棚卸資産）の増加を売上原価に振替（現金預金以外の資産の増加で現金預金はマイナスになるが売上原価という支出に調整するので加算）
④ 支払手形の減少を売上原価に振替（負債の減少で現金預金はマイナスで現金預金の減少は売上原価という支出に調整するので減算）
⑤ 買掛金の増加を売上原価に振替（負債の増加はプラスで現金預金の増加は売上原価という支出に調整するので減算）
⑥ 建物、備品の減価償却費を販売管理費に振替（減価償却費は現金支出がないので減算）
⑦ 未払金の増加を販売管理費に振替（販売管理費の増加で現金支出がないので減算）
⑧ 利益剰余金の増加を当期純利益に振替（当期純利益と利益剰余金の増加を相殺）
★エクセルデータをダウンロードいただけます（194ページ参照）。

資金移動表（資金収支計算書）

(　　　年　月　日〜　　　年　月　日)

会社名 _____

Ⅰ　経常資金収支の部			Ⅱ　財務・投資資金収支の部		
項目	内訳	金額	項目	内訳	金額
1．売上による資金収入		(950)	1．財務活動による資金収入		(－)
(1)　売上高	1,000				
(2)　売掛債権の増減					
受取手形の(減少)	20				
売掛金の(増加)	△70		2．財務活動による資金支出		(50)
			固定資産の取得	50	
2．仕入による資金支出		(710)			
(1)　売上原価	700				
(2)　棚卸資産の(増加)	40				
(3)　買掛債務の増減					
支払手形の(減少)	20				
買掛金の(増加)	△50				
3．販売管理活動の為の資金支出		(220)			
(1)　販売管理費	260				
減価償却費	△30				
未払金の増加	△10		B．財務・投資資金収支差額		△50
			Ⅲ．借入金による資金調達		
			1．新規借入による調達		(70)
4．利息及び配当金の収入		(－)	長期借入金		
			2．借入金の返済		(10)
5．利息の支払		(－)	長期借入金		
A．経常資金収支差額		20	C．借入金による資金調達		60
Ⅳ　総合資金収支の部					
D．借入金調達前資金収支差額（A＋B）					△30
総合資金収支差額（C＋D）					30

★エクセルデータをダウンロードいただけます（194ページ参照）。

②　資金移動表（資金収支計算書）の見方・読み方

　完成した資金移動表（資金収支計算書）を見ていきましょう。資金移動表
（資金収支計算書）は以下のように「経常資金収支の部」「財務・投資資金収
支の部」「借入金による資金調達」「総合資金収支の部」の四つに区分されま
す。

イ　経常資金収支の部

　左側に「Ⅰ経常資金収支の部」があります。ここは損益計算書（P/L）の
売上高から経常利益までの現金預金の動き、すなわちキャッシュフローを計
算しています。
　損益計算書（P/L）は発生主義（売上げは「実現主義」ですが、ここでは
便宜上「発生主義」といいます。）を採用しています。
　発生主義は売上、仕入、経費が発生した時に会計処理をします。たとえ
ば、お金の収受がなくても相手勘定を売掛金として売上を計上します。逆に
お金の支払いがなくても相手勘定に買掛金や未払金などで仕入や費用を計上
できます。これが「発生主義」になります。

　資金移動表（資金収支計算書）やキャッシュフロー計算書は「現金主義」
になります。「現金主義」はお金をもらった時に売上を計上します。お金を
支払った時に仕入や費用も計上します。これが「現金主義」になります。

　先ほど「資金精算表」を作成しましたが、この「資金精算表」は「発生主
義」でできている損益計算書（P/L）を「現金主義」の資金移動表（資金収
支計算書）に作り変える作業をしています。

○　売上による資金収入

　「Ⅰ経常資金収支の部」「1．売上による資金収入」は　950になっていま
す。
　すなわち、当期は売上代金として実際に現金預金（キャッシュ）が入金さ

れたのは950になります。

　損益計算書で計上された売上高は1,000ですので、50キャッシュフロー（資金繰り）の方が少なく（悪く）なっています。

　その理由は、受取手形は減少⑳しましたが、売掛金がそれ以上に増加（△70）したためです（**第1章**で解説しましたが「現金預金以外の資産が増加」は資金繰り（キャッシュフロー）はマイナスになります。）。

　受取手形や売掛金が正常債権であれば、翌期に回収されますので問題はありませんが、不良債権が発生していますと資金繰りは悪化しますので受取手形や売掛金の内容のチェックが必要です。

　ちなみに「1．売上による資金収入　950」はキャッシュフロー計算書（直接法）の数値になります。「受取手形の減少　20」「売掛金の増加　△70」はキャッシュフロー計算書（間接法）の数値です。

　このように資金移動表（資金収支計算書）はキャッシュフロー計算書の直接法と間接法の両方の数値が入りますので、実務的に会社の資金繰り（キャッシュフロー）を見る際にはとても適した資料といえます。

○　仕入による資金支出

　「Ⅰ経常資金収支の部」「2．仕入による資金支出」は　710になっています。

　すなわち当期は、仕入代金として実際に現金預金（キャッシュ）が支出されたのは710になります。

　損益計算書で計上された売上原価は700ですので10キャッシュフロー（資金繰り）の方が多く（悪く）なっています。

　その理由は、買掛金は増加（△50）しましたが、支払手形の減少⑳と棚卸資産（商品）の増加（40）という現預金（キャッシュ）のマイナス要素の方が多いためです（**第1章**で解説しましたが「負債の減少」「現金預金以外の資産が増加」は資金繰り（キャッシュフロー）はマイナスになります。）。

　棚卸資産（商品）が正常在庫であれば、翌期に販売されますので問題はありませんが、不良在庫が発生していますと資金繰りは悪化しますので商品の内容のチェックが必要です。

ちなみに「仕入による資金支出　710」はキャッシュフロー計算書（直接法）の数値になります。「棚卸資産の増加」「支払手形の減少」「買掛金の増加」はキャッシュフロー計算書（間接法）の数値になります。

○　販売管理活動の為の資金支出

　次に「３．販売管理活動の為の資金支出」は　220になっています。損益計算書の販売費及び一般管理費は260ですのでキャッシュフロー（資金繰り）の方が40少なく（良く）なっています。通常この「３．販売管理活動の為の資金支出」は損益計算書よりもキャッシュフロー（資金繰り）の方が良くなります。
　その理由は、損益計算書の販売費及び一般管理費の中には現金預金（キャッシュ）の支出がない減価償却費や引当金の繰入があるからです。

○　経常資金収支差額

　「Ｉ経常資金収支の部」の最後は「Ａ経常資金収支差額」になります。
　このモデル会社では、経常資金収支差額は20になっています。
　この経常資金収支差額は、１年間の「売上から経常利益までのキャッシュフロー（資金繰り）」を表しています。このモデル会社では１年間に経常利益段階でお金（キャッシュ）が20増えています。この数字は必ずプラスにする必要があります。もし「経常資金収支差額」がマイナスの場合には、１年間に経常利益段階でお金（キャッシュ）が減っていることになりますので、財務や投資、また借入金返済の財源がないことになります。

　このモデル会社の損益計算書（P/L）の経常利益は40（当期純利益と同額）円ですので、キャッシュフロー（資金繰り）の方が20少なく（悪く）なっています（20−40＝△20）。
　このように、P/L の経常利益よりも経常資金収支差額が悪い場合には必ず原因を確かめてください。このモデル会社の例では、前にも説明しましたように売掛金・棚卸資産（商品）という現金預金以外の資産が増加しているた

めです。

　また、売掛金、棚卸資産（商品）が正常か否かも重要です。正常在庫であれば、翌期以降に販売されますし、正常な売掛金は翌期回収され現金預金（キャッシュ）になりますので問題はありませんが、不良在庫、不良売掛金が発生していますと資金繰り悪化の原因になります。

□　財務・投資資金収支の部

　資金移動表（資金収支計算書）の右側には「Ⅱ財務・投資資金収支の部」があります。ここは設備投資や有価証券への投資、固定資産の売却、投資有価証券の売却などのキャッシュフローを計算しています。
　「B．財務資金収支差額」をご覧ください。△50になっています。この「B．財務資金収支差額」は通常マイナスになります。この金額がプラスになるのは土地・建物など固定資産を売却した場合や、投資有価証券を売却した場合などに限られます。
　次に「A．経常資金収支差額」と「B．財務資金収支差額」を比較してください。もし「A．経常資金収支差額」よりも「B．財務資金収支差額」の方が大きい場合、利益以上の投資をしている、又は投資のスピードが速い可能性があり注意が必要です。
　ただし、これは１年という単年度ベースでみるのではなく３年、５年の中期の合計で判断をしてください。

○　借入金による資金調達

　「資金収支計算書」の右側の下には「Ⅲ．借入金による資金調達」があります。ここでは、新規借入れによる資金調達、及び借入金の返済によるキャッシュフローを計算しています。このモデル会社では、「C．借入金による資金調達」が60になっていますので、この１年は、借入金の元本返済より新規借入れの方が多かったことがわかります。

ハ　総合資金収支の部

　最後に「総合資金収支差額（C＋D）」を見てください。金額が30になっており、現金預金の減少と一致します。

　損益計算書では、「当期純利益」40が計上されていますが、現金預金（キャッシュ）は30増加しています。

　この資金収支計算書の中に収入・支出の内訳がすべて出ているわけですから、この資金収支計算書を見ますと、現金預金（キャッシュ）の増減理由がわかるわけです。

　簡単に総括しますと、売掛金・棚卸資産（商品）という現金預金以外の資産が増加しています（不良資産がないか要チェック）。そして、「A．経常資金収支差額」よりも「B．財務資金収支差額」のマイナスが大きくなっていますので、その不足分より少し多めの新規の借入れを行い、現金預金（キャッシュ）が増加していることがわかります。

（3）　資金繰り表

　資金繰り表は、日ごとの入出金を管理する「日繰り表」、1週間や10日ごとの「資金繰り表」がありますが、ここでは一般的な「月次の資金繰り表」を作成したいと思います。

①　月次資金繰り表の作成方法

　こちらでご紹介する「資金繰り表」は、会計ソフトなどで一般に出力される資金繰り表です。既に取引を入力した「実績の資金繰り表」は会計ソフトから出力して使用されることをお勧めします。

　なお、将来の資金繰りを予想し、より実務で使いやすい「資金繰り予測表」の作成方法、資金繰り表の見方、活用方法は**第5章**で解説していきます。

以下の資料により、4月から7月までの資金繰り表（八分法、①～⑧に区分）を作成しましょう。

　141ページの資金繰り表に記入してみてください（エクセルファイルをダウンロードして入力することもできます。194ページ参照）。

（4月資料）

　前月繰越現金預金　　　60,000千円を4月の「①前月繰越」に入力し以下の項目を入力し4月の資金繰り表を完成させます。

現金売上	3,000千円	売掛金回収	95,000千円
手形期日入金	10,000千円		
現金仕入	2,500千円	買掛金支払い	60,000千円
手形期日決済	15,000千円	給料の支払い	14,000千円
諸経費の支払い	12,000千円	利息の支払い	750千円
借入金の元本返済	3,000千円		

　4月の「⑧次月繰越」は60,750千円になります。

（5月資料）

　4月末　現金預金残高　　　60,750千円を5月の「①前月繰越」に入力し以下の項目を入力し5月の資金繰り表を完成させます。

現金売上	3,500千円	売掛金回収	85,000千円
手形期日入金	10,000千円	手形割引	30,000千円
現金仕入	2,000千円	買掛金支払い	50,000千円
手形期日決済	25,000千円	給料の支払い	14,500千円
諸経費の支払い	12,500千円	利息の支払い	740千円
税金の支払い	15,000千円	（その他（税金など）に入力）	
借入金の元本返済	2,900千円		

　5月の「⑧次月繰越」は66,610千円になります。

（6月資料）

5月末 現金預金残高 66,610千円を6月の「①前月繰越」に入力し以下の項目を入力し6月の資金繰り表を完成させます。

現金売上	2,800千円	売掛金回収	95,000千円
手形期日入金	15,000千円		
現金仕入	3,500千円	買掛金支払い	70,000千円
手形期日決済	10,000千円	給料と賞与の支払い	40,000千円
諸経費の支払い	12,300千円	利息の支払い	730千円
賞与資金として短期借入金を借りる	25,000千円		
借入金の元本返済	2,800千円		

6月の「⑧次月繰越」は65,080千円になります。

（7月資料）

6月末 現金預金残高 65,080千円を7月の「①前月繰越」に入力し以下の項目を入力し7月の資金繰り表を完成させます。

現金売上	2,500千円	売掛金回収	90,000千円
手形期日入金	20,000千円		
現金仕入	3,000千円	買掛金支払い	55,000千円
手形期日決済	20,000千円	給料の支払い	14,500千円
諸経費の支払い	12,400千円	利息の支払い	800千円
設備投資を行う	50,000千円		
設備資金として長期借入金を借りる	40,000千円		
借入金の元本返済	3,500千円		

7月の「⑧次月繰越」は58,380千円になります。

[資金繰り表（八分法）] （記入用）

資金繰り表（八分法）

（単位：千円）

項目 　　　　　月別			月	月	月	月	月
① 前 月 繰 越							
収	売上代金	現 金 売 上					
		売 掛 金 回 収					
		手 形 期 日 落					
		手 形 割 引					
	前 受 金						
	雑 収 入						
入	そ の 他						
	② 収 入 合 計						
支	仕入代金	現 金 仕 入					
		買 掛 金 支 払					
		手 形 決 済					
	前 渡 金						
	賃 金 給 料						
	諸 経 費						
	支 払 利 息						
出	そ の 他						
	③ 支 出 合 計						
④経常収支差額（②－③）							
財務収入	借 入 金						
	そ の 他						
	⑤ 財 務 収 入						
財務支出	借 入 金 返 済						
	設 備 投 資						
	そ の 他						
	⑥ 財 務 支 出						
⑦財務収支差額（⑤－⑥）							
⑧ 次 月 繰 越 （①＋④＋⑦）							

★エクセルデータをダウンロードいただけます（194ページ参照）。

［資金繰り表（八分法)］

資金繰り表

(単位：千円)

項目 ＼ 月別			4月	5月	6月	7月	月
① 前 月 繰 越			60,000	60,750	66,610	65,080	
収	売上代金	現 金 売 上	3,000	3,500	2,800	2,500	
		売 掛 金 回 収	95,000	85,000	95,000	90,000	
		手 形 期 日 落	10,000	10,000	15,000	20,000	
		手 形 割 引		30,000			
	前 受 金						
	雑 収 入						
入	そ の 他						
	② 収 入 合 計		108,000	128,500	112,800	112,500	
支	仕入代金	現 金 仕 入	2,500	2,000	3,500	3,000	
		買 掛 金 支 払	60,000	50,000	70,000	55,000	
		手 形 決 済	15,000	25,000	10,000	20,000	
	前 渡 金						
	賃 金 給 料		14,000	14,500	40,000	14,500	
	諸 経 費		12,000	12,500	12,300	12,400	
	支 払 利 息		750	740	730	800	
出	そ の 他						
	③ 支 出 合 計		104,250	104,740	136,530	105,700	
④経常収支差額（②−③)			3,750	23,760	−23,730	6,800	
財務収入	借 入 金				25,000	40,000	
	そ の 他						
	⑤ 財 務 収 入		0	0	25,000	40,000	
財務支出	借 入 金 返 済		3,000	2,900	2,800	3,500	
	設 備 投 資					50,000	
	そ の 他			15,000			
	⑥ 財 務 支 出		3,000	17,900	2,800	53,500	
⑦財務収支差額（⑤−⑥)			−3,000	−17,900	22,200	−13,500	
⑧ 次 月 繰 越 (①＋④＋⑦)			60,750	66,610	65,080	58,380	

★エクセルデータをダウンロードいただけます（194ページ参照）。

第5章　資金繰り予測表の
作成

この章では、モデル会社を使って6ヶ月分の「資金繰り予測表」を作成していきたいと思います。

　「資金繰り予測表」は、1年分を作成する方法もあります。しかし、現在のように先が見えない不確実性の高い時代には、1年先の売上予想はなかなか難しいと思います。そうかと言って3ヶ月では資金不足で融資を受ける場合に時間的余裕がありません。

　そこで、6ヶ月分の「資金繰り予測表」を期首までに作成し、その期がスタートしたら実際の資金繰りを追加しながら、先の資金繰りを予測・修正していく方法をお勧めしています。

　また、経費、借入金の返済計画などは1年分でも立てやすいものです。売上計画・仕入計画については後半6ヶ月分はざっくり予測し、経費、借入金の返済計画はきちんと1年分作成するのが良いと思います。

(1)　事業計画書の作成

　下記モデル会社の事業計画書、資金繰り予測表、資金繰り予測・実績表を作成していきます。

> **【モデル会社】**
> ・20××年12月決算
> ・卸売り業、小売り業、飲食業を営む法人
> ・消費税は税抜き処理

　資金繰り予測表を作成する前にまず「事業計画書」を作成します。事業計画書の作成は、売上・仕入、人件費、その他販売費及び一般管理費、固定資産、借入金返済などの各計画をもとにしています。
※　事業計画書（フォーム）はダウンロードできます（194ページ参照）。

事 業 計 画 書 （20××年12月期）　　　　（単位　千円）

科目	1月	2月	3月	第一四半期	4月	5月	6月	中間 計
売上高								
卸売部門	25,000	20,000	26,000	71,000	31,000	23,000	26,500	151,500
小売部門	9,000	7,300	10,400	26,700	11,500	8,350	9,250	55,800
飲食部門	3,000	2,500	3,500	9,000	4,000	5,000	3,000	21,000
（売上　計）	37,000	29,800	39,900	106,700	46,500	36,350	38,750	228,300
売上原価								
卸売部門（原価率 80％）	20,000	16,000	20,800	56,800	24,800	18,400	21,200	121,200
小売部門（原価率 60％）	5,400	4,380	6,240	16,020	6,900	5,010	5,550	33,480
飲食部門（原価率 30％）	900	750	1,050	2,700	1,200	1,500	900	6,300
（売上原価）	26,300	21,130	28,090	75,520	32,900	24,910	27,650	160,980
（売上総利益）	10,700	8,670	11,810	31,180	13,600	11,440	11,100	67,320
販売費及び一般管理費								
広告宣伝費	50	50	100	200	50	50	50	350
荷造運賃	370	298	399	1,067	465	363	380	2,275
役員報酬	1,500	1,500	1,500	4,500	1,575	1,575	1,575	9,225
給与手当	2,500	2,500	2,500	7,500	2,900	2,900	2,900	16,200
賞与手当				0			5,000	5,000
法定福利費	600	600	600	1,800	671	671	1,841	4,983
福利厚生費	30	30	30	90	200	30	30	350
減価償却費	400	400	400	1,200	500	500	500	2,700
リース料	50	50	50	150	50	50	50	300
修繕費			100	100				100
事務用品費	30	30	30	90	30	30	30	180
消耗品費	100	100	300	500	300	100	100	1,000
水道光熱費	150	150	200	500	200	150	150	1,000
旅費交通費	300	300	300	900	350	350	350	1,950
手数料	200	200	200	600	200	200	200	1,200
租税公課	10	210	10	230	10	10	210	460
交際接待費	100	100	200	400	200	100	100	800
保険料	30	30	30	90	30	30	30	180
通信費	200	200	200	600	220	220	220	1,260
諸会費			100	100				100
地代家賃	1,000	1,000	1,000	3,000	1,000	1,000	1,000	6,000
新聞図書費	50	50	50	150	50	50	50	300
会議費	100	100	150	350	150	100	100	700
教育研修費	30	30	30	90	250	30	30	400
雑費	50	50	50	150	50	50	50	300
（販売費及び一般管理費　計）	7,850	7,978	8,529	24,357	9,451	8,559	14,946	57,313
（営業利益）	2,850	692	3,281	6,823	4,149	2,881	−3,846	10,007
受取利息		5		5				5
支払利息	41	41	40	122	49	49	48	268
（経常利益　税引前当期純利益）	2,809	656	3,241	6,706	4,100	2,832	−3,894	9,744
法人税、住民税及び事業税	843	197	972	2,012	1,230	850	−1,168	2,923
（当期純利益）	1,966	459	2,269	4,694	2,870	1,982	−2,726	6,821

① 売上・仕入計画

　最初に売上・仕入計画を立てます。モデル会社の売上・仕入計画は「売上・仕入計画表」の通りです。

[売上・仕入計画表]　★エクセルデータをダウンロードいただけます（194ページ参照）。

売上・仕入　計画表　（20××年12月期）　　　（単位　千円）

	1月	2月	3月	第一四半期	4月	5月	6月	中間計
（売上計画）								
卸売部門								
営業1部門	10,000	8,000	11,000	29,000	12,000	9,500	10,000	60,500
営業2部門	8,000	7,000	9,000	24,000	10,000	7,500	9,500	51,000
営業3部門	7,000	5,000	6,000	18,000	9,000	6,000	7,000	40,000
計	25,000	20,000	26,000	71,000	31,000	23,000	26,500	151,500
小売部門								
衣服	5,000	4,000	6,000	15,000	6,500	4,500	5,500	31,500
酒類	3,000	2,500	3,500	9,000	4,000	3,000	2,800	18,800
雑貨	1,000	800	900	2,700	1,000	850	950	5,500
計	9,000	7,300	10,400	26,700	11,500	8,350	9,250	55,800
飲食部門	3,000	2,500	3,500	9,000	4,000	5,000	3,000	21,000
売上　計	37,000	29,800	39,900	106,700	46,500	36,350	38,750	228,300
（仕入計画）								
卸売部門	16,000	30,800	14,800	61,600	18,400	21,200	20,000	121,200
小売部門	4,380	10,240	2,900	17,520	5,010	5,550	5,400	33,480
飲食部門	900	750	1,050	2,700	1,200	1,500	900	6,300
仕入　計	21,280	41,790	18,750	81,820	24,610	28,250	26,300	160,980

　1月から6月までの「売上・仕入計画表」の数値を「事業計画書」に記入していきます。

[事業計画書]

科目	1月	2月	3月	第一四半期	4月	5月	6月	中間　計
売上高								
卸売部門	25,000	20,000	26,000	71,000	31,000	23,000	26,500	151,500
小売部門	9,000	7,300	10,400	26,700	11,500	8,350	9,250	55,800

科目	1月	2月	3月	第一四半期	4月	5月	6月	中間 計
飲食部門	3,000	2,500	3,500	9,000	4,000	5,000	3,000	21,000
（売上 計）	37,000	29,800	39,900	106,700	46,500	36,350	38,750	228,300
売上原価								
卸売部門 （原価率 80%）	20,000	16,000	20,800	56,800	24,800	18,400	21,200	121,200
小売部門 （原価率 60%）	5,400	4,380	6,240	16,020	6,900	5,010	5,550	33,480
飲食部門 （原価率 30%）	900	750	1,050	2,700	1,200	1,500	900	6,300
（売上原価）	26,300	21,130	28,090	75,520	32,900	24,910	27,650	160,980
（売上総利益）	10,700	8,670	11,810	31,180	13,600	11,440	11,100	67,320

　実際には昨年同月の数字を参考にしながら販路の拡大、縮小を予想して計画を立てます。

　もちろん、期の途中で新しい顧客が増えたり、逆に減少した場合は修正を行います。

　モデル会社では、3月、4月の売上に対応するため2月の仕入れを増やしてします。

　「事業計画書」は利益を計算するため、「売上原価」は通常「売上原価率」を用いて計算を行います。しかし、「資金繰り予測表」はキャッシュフロー（資金繰り）を予測するためのものなので各月の仕入れ金額をあらかじめ予測して記入する必要があります。

　なお、「事業計画書」には各部門の売上原価率を下記の通り設定して入れます。

　　卸売部門　　原価率　80%
　　小売部門　　原価率　60%
　　飲食部門　　原価率　30%

②　人件費計画

　1月から6月までの人件費、社会保険料などの計画を立て「事業計画書」に数値を入れていきます。

モデル会社の数値は下記の通りです。実際には昇給計画、社員の募集計画をもとに予測をしていきますが、期の途中で社員が増減した場合は修正を行います。

また、社会保険料の会社負担分は「法定福利費」になりますが、所得税、住民税、社会保険料の預り金は「事業計画書」には反映されません（「資金繰り予測表」には関係してきますので、しっかり把握しておきましょう。）。

1月〜3月分
役員報酬　　　　1,500千円／月
給与手当　　　　2,500千円／月
　　所得税・住民税預り金　400千円／月
　　社会保険料預り金　　560千円／月　会社負担社会保険料　600千円／月

4月分〜
役員報酬　　　　1,575千円／月（5％昇給）
給与手当　　　　2,900千円／月（5％昇給、1名増員）
　　所得税・住民税預り金　447千円／月
　　社会保険料　　　　626千円／月　会社負担社会保険料　671千円／月

6月賞与
　従業員賞与　　　　5,000千円
　　所得税預り金　　　150千円
　　社会保険料預り金　700千円
　　会社負担社会保険料　750千円

12月賞与
　従業員賞与　　　　5,800千円
　　所得税預り金　　　174千円
　　社会保険料預り金　812千円
　　会社負担社会保険料　870千円

6月　労働保険料　420千円　納付

[事業計画書]

（単位　千円）

科目	1月	2月	3月	第一四半期	4月	5月	6月	中間　計
役員報酬	1,500	1,500	1,500	4,500	1,575	1,575	1,575	9,225
給与手当	2,500	2,500	2,500	7,500	2,900	2,900	2,900	16,200
賞与手当				0			5,000	5,000
法定福利費	600	600	600	1,800	671	671	1,841	4,983
福利厚生費	30	30	30	90	200	30	30	350

③ その他販売費及び一般管理費計画

　昨年の「月次試算表」などを参考に1月から6月までの「その他の販売費及び一般管理費」の数値を「事業計画書」に入れていきます（モデル会社の数値は「事業計画書」を参考にしてください。）。

　これらはいわゆる「予算」といわれる内容です。期の途中で事務所を借り増しするなど費用が増減する場合は数値を修正してください。

[事業計画書]　　　　　　　　　　　　　　　　　　　　　　　（単位　千円）

科目	1月	2月	3月	第一四半期	4月	5月	6月	中間　計
販売費及び一般管理費								
広告宣伝費	50	50	100	200	50	50	50	350
荷造運賃	370	298	399	1,067	465	363	380	2,275
役員報酬	1,500	1,500	1,500	4,500	1,575	1,575	1,575	9,225
給与手当	2,500	2,500	2,500	7,500	2,900	2,900	2,900	16,200
賞与手当				0			5,000	5,000
法定福利費	600	600	600	1,800	671	671	1,841	4,983
福利厚生費	30	30	30	90	200	30	30	350
減価償却費	400	400	400	1,200	500	500	500	2,700
リース料	50	50	50	150	50	50	50	300
修繕費			100	100				100
事務用品費	30	30	30	90	30	30	30	180
消耗品費	100	100	300	500	300	100	100	1,000
水道光熱費	150	150	200	500	200	150	150	1,000
旅費交通費	300	300	300	900	350	350	350	1,950
手数料	200	200	200	600	200	200	200	1,200
租税公課	10	210	10	230	10	10	210	460
交際接待費	100	100	200	400	200	100	100	800
保険料	30	30	30	90	30	30	30	180
通信費	200	200	200	600	220	220	220	1,260
諸会費			100	100				100
地代家賃	1,000	1,000	1,000	3,000	1,000	1,000	1,000	6,000
新聞図書費	50	50	50	150	50	50	50	300
会議費	100	100	150	350	150	100	100	700

科目	1月	2月	3月	第一四半期	4月	5月	6月	中間 計
教育研修費	30	30	30	90	250	30	30	400
雑費	50	50	50	150	50	50	50	300
（販売費及び一般管理費 計）	7,850	7,978	8,529	24,357	9,451	8,559	14,946	57,313

④ 固定資産計画

今期の新規固定資産の取得計画は以下の通りです。

3月　店舗の空調設備入替　　800万円　全額、現金預金払い
3月　営業車　2台購入　　　400万円　全額、現金預金払い

「事業計画書」には、1月から6月までの「減価償却費」の見積もりを記入していきます。

減価償却費 見積額　　1月から3月　　400千円／月
　　　　　　　　　　　4月～　　　　　500千円／月

[事業計画書]

（単位　千円）

科目	1月	2月	3月	第一四半期	4月	5月	6月	中間 計
減価償却費	400	400	400	1,200	500	500	500	2,700

⑤ 借入金返済計画

「借入金調達・返済計画表」から1月から6月までの「支払利息・割引料」を「事業計画書」に記入していきます。

期の途中で新規の借入や借り換えなど行う場合には数値を変更してください。

なお、受取利息は2月に5千円を記入してください。

[借入金調達・返済計画表]

借入金調達・返済計画表 (20××年12月期)

(単位 千円)

		1月	2月	3月	4月	5月	6月	7月	8月	9月	10月	11月	12月	合計
○○銀行××支店 元本 3,000万円	元本返済額	250	250	250	250	250	250	250	250	250	250	250	250	3000
	支払利息	22	22	22	21	21	21	20	20	20	19	19	19	246
日本政策公庫 元本 2,000万円	元本返済額	208	208	208	208	208	208	208	208	208	208	208	208	2496
	支払利息	19	19	18	18	18	17	17	17	16	16	16	15	206
△△銀行××支店 元本 1,000万円	元本返済額				165	165	165	165	165	165	165	165	165	1485
	支払利息				10	10	10	9	9	9	9	8	8	82
	元本返済額 合計	458	458	458	623	623	623	623	623	623	623	623	623	6981
	支払利息 合計	41	41	40	49	49	48	46	46	45	44	43	42	534
	手形割引料													
	支払利息・割引料合計	41	41	40	49	49	48	46	46	45	44	43	42	534

★エクセルデータをダウンロードいただけます（194ページ参照）。

[事業計画書]　　　　　　　　　　　　　　　　　　　　　　　　　　（単位　千円）

科目	1月	2月	3月	第一四半期	4月	5月	6月	中間　計
（営業利益）	2,850	692	3,281	6,823	4,149	2,881	−3,846	10,007
受取利息		5		5				5
支払利息	41	41	40	122	49	49	48	268

⑥　法人税、住民税及び事業税

　経常利益（税引前当期純利益）の30％を「法人税、住民税及び事業税」に記入して、「当期純利益」を計算します。

[事業計画書]　　　　　　　　　　　　　　　　　　　　　　　　　　（単位　千円）

科目	1月	2月	3月	第一四半期	4月	5月	6月	中間　計
（経常利益　税引前当期純利益）	2,809	656	3,241	6,706	4,100	2,832	−3,894	9,744
法人税、住民税及び事業税	843	197	972	2,012	1,230	850	−1,168	2,923
（当期純利益）	1,966	459	2,269	4,694	2,870	1,982	−2,726	6,821

　「当期純利益」まで金額が入りましたら「事業計画書」は完成です。

　この「事業計画書」のエクセルシートをダウンロードして、是非皆さんの会社の「事業計画書」も作成してください（194ページ参照）。

　この「事業計画書」から「資金繰り予測表」を作成していきます。

(2)　資金繰り予測表の作成

　「事業計画書」に基づき、「資金繰り予測表」を作成します。

　「事業計画書」ではモデル会社の消費税は「税抜経理処理」を採用していますが、「資金繰り予測表」はキャッシュ（現金預金）の出入りを計算するためのものですので、消費税は税込みで表示します。

　資金繰り予測表（フォーム）はダウンロードできますので、ご利用ください（194ページ参照）。

[資金繰り予測表]

★エクセルデータをダウンロードいただけます（194ページ参照）。

資金繰り予測表（20××年12月期）　　　　　（単位　千円）

		1月	2月	3月	第一四半期	4月	5月	6月	中間 計
営業収支	売上高								
	現金売上	11,550	9,427	13,376	34,353	14,905	12,666	11,798	73,722
	売掛金回収	12,630	15,400	12,353	40,383	16,214	19,195	14,669	90,461
	手形期日落	12,840	11,840	13,730	38,410	14,630	12,100	12,980	78,120
	手形割引				0				0
	売上代金合計	37,020	36,667	39,459	113,146	45,749	43,961	39,447	242,303
	仕入高								
	現金仕入				0				0
	買掛金支払	10,600	12,199	23,397	46,196	10,890	14,196	16,362	87,644
	手形決済	12,100	11,500	13,200	36,800	11,209	22,572	9,735	80,316
	仕入代金合計	22,700	23,699	36,597	82,996	22,099	36,768	26,097	167,960
	売上総利益	14,320	12,968	2,862	30,150	23,650	7,193	13,350	74,343
	販売費及び一般管理費								
	役員報酬	1,500	1,500	1,500	4,500	1,575	1,575	1,575	9,225
	給与手当	2,500	2,500	2,500	7,500	2,900	2,900	2,900	16,200
	賞与手当				0			5,000	5,000
	社会保険他　預り金（−）	−960	−960	−960	−2,880	−1,073	−1,073	−1,923	−6,949
	その他の販売管理費	3,250	3,378	3,929	10,557	4,305	3,413	3,630	21,905
	減価償却費（−）	−400	−400	−400	−1,200	−500	−500	−500	−2,700
	引当金繰入（−）				0				0
	消 費 税（+）	273	268	333	874	371	282	284	1,811
	販売費及び一般管理費合計	6,163	6,286	6,902	19,351	7,578	6,597	10,966	44,492
	(参考) 社会保険他控除　営業収支差額	6,597	5,122	−5,600	6,119	14,328	−1,148	−960	18,339
	営業収支差額	8,157	6,682	−4,040	10,799	16,072	596	2,384	29,851
営業外収支	営業外収入								
	受取利息・配当金		5		5				5
	雑収入　その他				0				0
	営業外支出				0				0
	支払利息・割引料	41	41	40	122	49	49	48	268
	その他				0				0
	営業外収支差額	−41	−36	−40	−117	−49	−49	−48	−263
税金・社会保険	法人税・住民税・事業税		4,030		4,030				4,030
	消費税		1,470		1,470		1,350		2,820
	源泉所得税　住民税	400	400	400	1,200	447	447	597	2,691
	社会保険料　労働保険料他	1,160	1,160	1,160	3,480	1,297	1,297	2,747	8,821
	税金・社会保険他　合計	1,560	7,060	1,560	10,180	1,744	3,094	3,344	18,362
財務収支	フリーキャッシュフロー	6,556	−414	−5,640	502	14,279	−2,547	−1,008	11,226
	新規借入金		10,000		10,000				10,000
	その他				0				0
	財務収入　合計	0	10,000	0	10,000	0	0	0	10,000
	借入金返済	458	458	458	1,374	623	623	623	3,243
	固定資産　取得		12,000		12,000				12,000
	その他				0				0
	財務支出　合計	458	12,458	458	13,374	623	623	623	15,243
	財務収支差額	−458	−2,458	−458	−3,374	−623	−623	−623	−5,243
総合収支	総合資金収支差額	6,098	−2,872	−6,098	−2,872	13,656	−3,170	−1,631	5,983
	前月末　現金預金残高	30,015	36,113	33,241		27,143	40,799	37,629	
	当月末　現金預金残高	36,113	33,241	27,143		40,799	37,629	35,998	

(2)　資金繰り予測表の作成　　153

① 売上高の記入

　現金売上は「事業計画書」の数値を入れていきます。モデル会社では、各月の売上代金入金予定の数値を用います。売掛金の回収、受取手形の期日落ちは、「事業計画書」の各月の売上から入金状況を確認の上、「売掛金・受取手形　入金予定表」を作成し、そちらから数値を記入していきます。

　また、手形割引を予定している場合には「手形割引」の欄に記入します。

[売掛金・受取手形入金予定表]

売掛金・受取手形　入金予定表　(20××年12月期)

(単位 千円)

	発生残高	1月	2月	3月	4月	5月	6月	7月	8月	9月	10月	11月	12月	期末残高
前期 売掛金	12,630	12,630												0
前期 受取手形	44,790	12,840	11,840	13,730	6,380									0
1月 売掛金	15,400		15,400											0
1月 受取手形	13,750				8,250	5,500								0
2月 売掛金	12,353			12,353										0
2月 受取手形	11,000					6,600	4,400							0
3月 売掛金	16,214				16,214									0
3月 受取手形	14,300						8,580	5,720						0
4月 売掛金	19,195					19,195								0
4月 受取手形	17,050							10,230	6,820					0
5月 売掛金	14,669						14,669							0
5月 受取手形	12,650								7,590	5,060				0
6月 売掛金	16,252							16,252						0
6月 受取手形	14,575										8,745	5,830		0
売掛金 入金額		12,630	15,400	12,353	16,214	19,195	14,669	16,252	0	0	0	0	0	
受取手形 入金額		12,840	11,840	13,730	14,630	12,100	12,980	15,950	14,410	5,060	8,745	5,830	0	
(うち割引額)														
売掛金 期末残高													0	0
受取手形 期末残高													0	0

★エクセルデータをダウンロードいただけます(194ページ参照)。

[資金繰り予測表]

科目	1月	2月	3月	第一四半期	4月	5月	6月	中間　計
売上高								
現金売上	11,550	9,427	13,376	34,353	14,905	12,666	11,798	73,722
売掛金回収	12,630	15,400	12,353	40,383	16,214	19,195	14,669	90,461
手形期日落	12,840	11,840	13,730	38,410	14,630	12,100	12,980	78,120
手形割引				0				0
売上代金合計	37,020	36,667	39,459	113,146	45,749	43,961	39,447	242,303

　モデル会社の「売上代金入金条件」及び「各月の売上代金入金予定」は以下の通りです。

★売上代金入金条件
卸売部門

　50%　掛け取引　　　（月末締め、翌月末日入金）
　30%　60日受取手形　（月末締め、翌月10日　手形受取り　60日期日）
　20%　90日受取手形　（月末締め、翌月10日　手形受取り　90日期日）

小売部門

　90%　現金売上
　10%　カード払い（掛売上げ）　翌月入金

飲食部門

　80%　現金売上
　20%　カード払い（掛売上げ）　翌月入金

★各月の売上代金入金予定
前期　売掛金・受取手形　発生分

　売掛金　（1月入金）　　　　12,630千円
　受取手形（1月決済）　　　　12,840千円
　受取手形（2月決済）　　　　11,840千円
　受取手形（3月決済）　　　　13,730千円
　受取手形（4月決済）　　　　6,380千円　　　57,420千円

1月	売上代金	発生分	4月	売上代金	発生分
現金売上	11,550千円		現金売上	14,905千円	
売掛金			売掛金		
（2月入金）	15,400千円		（5月入金）	19,195千円	
受取手形			受取手形		
(60日)	8,250千円		(60日)	10,230千円	
受取手形			受取手形		
(90日)	5,500千円	40,700千円	(90日)	6,820千円	51,150千円

2月	売上代金	発生分	5月	売上代金	発生分
現金売上	9,427千円		現金売上	12,666千円	
売掛金			売掛金		
（3月入金）	12,353千円		（6月入金）	14,669千円	
受取手形			受取手形		
(60日)	6,600千円		(60日)	7,590千円	
受取手形			受取手形		
(90日)	4,400千円	32,780千円	(90日)	5,060千円	39,985千円

3月	売上代金	発生分	6月	売上代金	発生分
現金売上	13,376千円		現金売上	11,798千円	
売掛金			売掛金		
（4月入金）	16,214千円		（7月入金）	16,252千円	
受取手形			受取手形		
(60日)	8,580千円		(60日)	8,745千円	
受取手形			受取手形		
(90日)	5,720千円	43,890千円	(90日)	5,830千円	42,625千円

②　仕入高の記入

　モデル会社には現金仕入がありませんので、資金繰り予測表に金額が記載されていません。しかし、現金仕入がある場合は「事業計画書」の数値を入れていきます。買掛金の回収、支払手形の決済は「事業計画書」の各月の仕入れから支払状況を確認の上、「買掛金・支払手形　支払予定表」を作成し、そちらから数値を記入します。

[買掛金・支払手形支払予定表]

買掛金・支払手形　支払予定表　（20××年12月期）

(単位：千円)

		発生残高	1月	2月	3月	4月	5月	6月	7月	8月	9月	10月	11月	12月	期末残高
前期	買掛金	10,600	10,600												0
	支払手形	36,800	12,100	11,500	13,200										0
1月	買掛金	12,199		12,199											0
	支払手形	11,209				11,209									0
2月	買掛金	23,397			23,397										0
	支払手形	22,572					22,572								0
3月	買掛金	10,890				10,890									0
	支払手形	9,735						9,735							0
4月	買掛金	14,196					14,196								0
	支払手形	12,875							12,875						0
5月	買掛金	16,362						16,362							0
	支払手形	14,713								14,713					0
6月	買掛金	14,960							14,960						0
	支払手形	13,970									13,970				0
買掛金	支払額		10,600	12,199	23,397	10,890	14,196	16,362	14,960	0	0	0	0	0	
支払手形	支払額		12,100	11,500	13,200	11,209	22,572	9,735	12,875	14,713	13,970	0	0	0	
買掛金	期末残高											0	0	0	0
支払手形	期末残高											0	0	0	0

★エクセルデータをダウンロードいただけます（194ページ参照）。

[資金繰り予測表]

科目	1月	2月	3月	第一四半期	4月	5月	6月	中間　計
仕入高								
現金仕入				0				0
買掛金支払	10,600	12,199	23,397	46,196	10,890	14,196	16,362	87,644
手形決済	12,100	11,500	13,200	36,800	11,209	22,572	9,735	80,316
仕入代金合計	22,700	23,699	36,597	82,996	22,099	36,768	26,097	167,960

　モデル会社の「仕入代金支払条件」及び「各月の仕入代金支払予定」は以下の通りです。

★仕入代金支払条件
卸売部門　小売部門

　50%　掛け取引　（月末締め、翌月末日支払い）
　50%　60日支払手形　（月末締め、翌月10日　手形支払い　60日期日）

飲食部門

　すべて掛け取引　（月末締め、翌月末日支払い）

★各月の仕入代金支払予定
前期　買掛金・支払手形　発生分

買掛金　（1月支払）　　　　10,600千円
支払手形（1月決済）　　　　12,100千円
支払手形（2月決済）　　　　11,500千円
支払手形（3月決済）　　　　13,200千円　　　47,400千円

1月　仕入代金　発生分

買掛金
（2月支払）　12,199千円
支払手形
(60日)　　　11,209千円　23,408千円

4月　仕入代金　発生分

買掛金
（5月支払）　14,196千円
支払手形
(60日)　　　12,875千円　27,071千円

2月　仕入代金　発生分

買掛金
（3月支払）　23,397千円
支払手形
(60日)　　　22,572千円　45,969千円

5月　仕入代金　発生分

買掛金
（6月支払）　16,362千円
支払手形
(60日)　　　14,713千円　31,075千円

3月　仕入代金　発生分

買掛金
（4月支払）　10,890千円
支払手形
(60日)　　　　9,735千円　20,625千円

6月　仕入代金　発生分

買掛金
（7月支払）　14,960千円
支払手形
(60日)　　　13,970千円　28,930千円

③　売上総利益の記入

　「売上総利益」は「売上代金合計」−「仕入代金合計」で求めることができ、キャッシュ（現金預金）がいくら増加したかを示しています。

　損益計算書（P/L）は「実現主義」、「発生残高」で作成しますが、「資金繰り予測表」は「現金預金」でキャッシュ（現金預金）の増減を計算します。

　例えば、モデル会社の3月のように仕入れが先行し買掛金の支払いが多い月はキャッシュフロー（資金繰り）が悪くなりますので資金不足を起こさないかどうか注意が必要です。

　この場合、手持ち資金不足が予想される場合には、早めに銀行など金融機関に「運転資金」の融資を打診するようにしましょう。

[資金繰り予測表]

資金繰り予測・実績表（20××年12月期）　　　　　　　（単位　千円）

	1月	2月	3月	第一四半期	4月	5月	6月	中間　計
売上高								
現金売上	11,550	9,427	13,376	34,353	14,905	12,666	11,798	73,722
売掛金回収	12,630	15,400	12,353	40,383	16,214	19,195	14,669	90,461
手形期日落	12,840	11,840	13,730	38,410	14,630	12,100	12,980	78,120
手形割引				0				0
売上代金合計	37,020	36,667	39,459	113,146	45,749	43,961	39,447	242,303
仕入高								
現金仕入				0				0
買掛金支払	10,600	12,199	23,397	46,196	10,890	14,196	16,362	87,644
手形決済	12,100	11,500	13,200	36,800	11,209	22,572	9,735	80,316
仕入代金合計	22,700	23,699	36,597	82,996	22,099	36,768	26,097	167,960
売上総利益	14,320	12,968	2,862	30,150	23,650	7,193	13,350	74,343

④　販売費及び一般管理費の記入

イ　人件費の記入

　人件費である役員報酬、給与手当、賞与手当は「事業計画書」では、総額で記入しますが、実際の支払いは、「源泉所得税、住民税、社会保険料」を控除して支払います。

　資金繰り予測表にこれらの金額を控除した「純額」を記入する方法もありますが、「事業計画書」との関連を保つため役員報酬、給与手当、賞与手当の欄は「総額」を記入し、源泉所得税、住民税、社会保険料は「社会保険料他　預り金（－）」で控除しています。

[モデル会社の人件費（再掲）]

1月～3月分

役員報酬　　　　1,500千円／月
給与手当　　　　2,500千円／月
　　所得税・住民税預り金　400千円／月
　　社会保険料預り金　　　560千円／月　　会社負担社会保険料　600千円／月

4月分～

役員報酬　　　　1,575千円／月（5％昇給）
給与手当　　　　2,900千円／月（5％昇給、1名増員）
　　所得税・住民税預り金　447千円／月
　　社会保険料　　　　　　626千円／月　　会社負担社会保険料　671千円／月

6月賞与

従業員賞与	5,000千円
所得税預り金	150千円
社会保険料預り金	700千円
会社負担社会保険料	750千円

12月賞与

従業員賞与	5,800千円
所得税預り金	174千円
社会保険料預り金	812千円
会社負担社会保険料	870千円

6月　労働保険料　420千円　納付

[事業計画書]

(単位　千円)

科目	1月	2月	3月	第一四半期	4月	5月	6月	中間　計
役員報酬	1,500	1,500	1,500	4,500	1,575	1,575	1,575	9,225
給与手当	2,500	2,500	2,500	7,500	2,900	2,900	2,900	16,200
賞与手当				0			5,000	5,000
法定福利費	600	600	600	1,800	671	671	1,841	4,983
福利厚生費	30	30	30	90	200	30	30	350

[資金繰り予測表]

(単位　千円)

	1月	2月	3月	第一四半期	4月	5月	6月	中間　計
役員報酬	1,500	1,500	1,500	4,500	1,575	1,575	1,575	9,225
給与手当	2,500	2,500	2,500	7,500	2,900	2,900	2,900	16,200
賞与手当				0			5,000	5,000
社会保険他預り金（－）	−960	−960	−960	−2,880	−1,073	−1,073	−1,923	−6,949

人件費から控除した源泉所得税、住民税、社会保険料は、会社負担の社会保険料と合わせて支払いが行われますので、「税金・社会保険料」の項目に記入します。

[資金繰り予測表]　　　　　　　　　　　　　　　　　　　　　　（単位　千円）

	1月	2月	3月	第一四半期	4月	5月	6月	中間　計
社会保険料 労働保険料他	1,160	1,160	1,160	3,480	1,297	1,297	2,747	8,821

ロ　その他の販売管理費の記入

人件費以外の販売費及び一般管理費を集計して「その他の販売管理費」に記入します。その際、多額の「前払費用」「未払金」「未払費用」は修正しますが、少額のものは「重要性の原則」（本決算ではないので、少額で重要性の乏しいものは1円まで合わせる必要はありません。）から修正は行いません。

例えば、「水道光熱費」や「通信費」などは1月分を2月に支払うなど「未払金」「未払費用」がありますが、このような支払いは概ね毎月一定ですので当月支払分を「現金主義」で記入して問題ないと思います。

また、事業計画書に記載した「減価償却費」は、キャッシュ（現金預金）の支出がないので、その他の販売管理費からマイナスします。モデル会社にはありませんが、「賞与引当金繰入」「退職給付引当金繰入」「貸倒引当金繰入」を計上している場合には、同じくキャッシュ（現金預金）の支出がないので、その他の販売管理費からマイナスします。

[資金繰り予測表]　　　　　　　　　　　　　　　　　　　　　　（単位　千円）

	1月	2月	3月	第一四半期	4月	5月	6月	中間　計
その他の販売管理費	3,250	3,378	3,929	10,557	4,305	3,413	3,630	21,905
減価償却費（−）	−400	−400	−400	−1,200	−500	−500	−500	−2,700
引当金繰入（−）				0				0

ハ　消費税の記入

　既述の通り、モデル会社では消費税は「税抜経理処理」を採用していますので、「事業計画書」は税抜きの金額で記入しています。

　しかし、「資金繰り予測表」はキャッシュ（現金預金）の出入りを計算しますので、消費税は税込みで表示します。

　「その他の販売管理費」を税込みで記入する方法もありますが、「事業計画書」との関係がわかりにくくなりますので、ここでは税抜きで記入し、その他の販売管理費の消費税を別途計算し、「消費税（＋）」に入れています（人件費、社会保険料は消費税が「不課税」「非課税」になりますので「事業計画書」と同額になります。）。

[資金繰り予測表]　　　　　　　　　　　　　　　　　　　（単位　千円）

	1月	2月	3月	第一四半期	4月	5月	6月	中間　計
消　費　税（＋）	273	268	333	874	371	282	284	1,811

⑤　営業収支差額の記入

　「売上総利益」から「販売費及び一般管理費合計」を差し引いて「営業収支差額」を計算します。

　なお、この「営業収支差額」は役員報酬、給与手当、賞与手当から「源泉所得税、住民税、社会保険料」を控除して計算していますので、役員報酬、給与手当、賞与手当を総額にして計算したのが「（参考）社会保険他控除営業収支差額」になります。

　　　　　　　　　営業収支差額　　源泉所得税等　　社会保険料等
（例）　1月　8,157千円　－　400千円　－　1,160千円＝6,597千円

　　　　　　　　　　　　　　　　　　（参考）社会保険他控除

[資金繰り予測表]

(単位 千円)

	1月	2月	3月	第一四半期	4月	5月	6月	中間 計
(参考)社会保険他控除 営業収支差額	6,597	5,122	−5,600	6,119	14,328	−1,148	−960	18,339
営業収支差額	8,157	6,682	−4,040	10,799	16,072	596	2,384	29,851

　この「(参考)社会保険他控除　営業収支差額」が営業利益としてキャッシュ(現金預金)がいくら増加したか又は減少したかを示しています。

　前にも指摘しましたが、3月は買掛金の支払いが多いため「営業収支差額」及び「(参考)社会保険他控除　営業収支差額」がマイナスになっています。

⑥　営業外収入、営業外支出、営業外収支の記入

　「事業計画書」の受取利息、支払利息の金額を「資金繰り予測表」の「受取利息・配当金」「支払利息・割引料」に記載します。「営業外収入」から「営業外支出」をマイナスした金額が「営業外収支」の金額になります。

[事業計画書]

(単位 千円)

	1月	2月	3月	第一四半期	4月	5月	6月	中間 計
受取利息		5		5				5
支払利息	41	41	40	122	49	49	48	268

[資金繰り予測表]

(単位 千円)

	1月	2月	3月	第一四半期	4月	5月	6月	中間 計
営業外収入								
受取利息・配当金		5		5				5
雑収入　その他				0				0
営業外支出				0				0
支払利息・割引料	41	41	40	122	49	49	48	268
その他				0				0
営業外収支差額	−41	−36	−40	−117	−49	−49	−48	−263

⑦ 税金・社会保険の記入

イ 法人税、住民税、事業税

法人税、住民税、事業税の前期確定分、当期中間分は以下の通りです。

前期確定分　　4,030千円　　　2月に納税
当期中間分　　5,100千円　　　8月に納税

ロ 消費税

消費税の前期確定分、当期中間分は以下の通りです。

前期確定分　　1,470千円　　　2月に納税
当期中間分　　1,350千円　　　5月、8月、11月に納税

ハ 源泉所得税、住民税（役員、従業員に係るもの）

役員、従業員が負担する源泉所得税、住民税を記入します。数字については147ページ（人件費計画）を参考にしてください。

ニ 社会保険料、労働保険料

役員、従業員が負担する社会保険料及び会社負担する社会保険料、労働保険料を記入します。数字については147ページ（人件費計画）を参考にしてください。

[資金繰り予測表]

(単位 千円)

	1月	2月	3月	第一四半期	4月	5月	6月	中間 計
法人税・住民税・事業税		4,030		4,030				4,030
消費税		1,470		1,470		1,350		2,820
源泉所得税　住民税	400	400	400	1,200	447	447	597	2,691
社会保険料　労働保険料他	1,160	1,160	1,160	3,480	1,297	1,297	2,747	8,821
税金・社会保険他　合計	1,560	7,060	1,560	10,180	1,744	3,094	3,344	18,362

⑧ フリー・キャッシュフローの記入

「営業収支差額」に「営業外収支」を加算、減算し「税金・社会保険料」を控除した金額が「フリー・キャッシュフロー」になります。

フリー・キャッシュフローは116ページで解説しましたが、法人税などの税金支払い後会社が自由（フリー）に使えるキャッシュのことをいいます。

また、このフリー・キャッシュフローから固定資産などの投資を行い、借入金の元本返済を行いますのでフリー・キャッシュフローは毎月プラスの状態であることが理想的です。

モデル会社では、2月は法人税、住民税、事業税及び消費税の納税のため、3月、6月は仕入が先行し買掛金の支払いが多額のため、また6月は賞与手当の支払いのためにフリー・キャッシュフローがマイナスになっています。幸い「第一四半期」「中間　計」ではプラスになっていますが、1年トータルでプラスに持って行きませんと借入金の元本返済も固定資産などの設備投資も行えないことになります。

[資金繰り予測表]　　　　　　　　　　　　　　　　　　　　（単位　千円）

科目	1月	2月	3月	第一四半期	4月	5月	6月	中間　計
フリーキャッシュフロー	6,556	−414	−5,640	502	14,279	−2,547	−1,008	11,226

⑨ 財務収支差額の記入

イ 新規借入金、借入金返済

「借入金調達・返済計画表」から「新規借入金」「借入金返済」を記載します。

なお、今期の新規の借入金調達は以下の通りです。

　　△△銀行××支店　　10,000千円　　　3月に借入れ

[借入金調達・返済計画表]

借入金調達・返済計画表（20××年12月期）　　（単位　千円）

		1月	2月	3月	4月	5月	6月	7月	8月	9月	10月	11月	12月	合計
△△銀行××支店	元本返済額				165	165	165	165	165	165	165	165	165	1485
元本　1,000万円	支払利息				10	10	10	9	9	9	9	8	8	82

[資金繰り予測表]　　（単位　千円）

科目	1月	2月	3月	第一四半期	4月	5月	6月	中間　計
新規借入金		10,000		10,000				10,000
その他				0				0
財務収入　合計	0	10,000	0	10,000	0	0	0	10,000
借入金返済	458	458	458	1,374	623	623	623	3,243

ロ　固定資産の取得

今期の新規固定資産の取得計画は以下の通りです。

３月の「固定資産の取得」に記入します。

　　３月　店舗の空調設備入替　800万円　全額、現金預金払い
　　３月　営業車　２台購入　　400万円　全額、現金預金払い

[資金繰り予測表]　　（単位　千円）

科目	1月	2月	3月	第一四半期	4月	5月	6月	中間　計
固定資産　取得		12,000		12,000				12,000

ハ　財務収支差額の記入

「財務収入」から「財務支出」を差し引いた金額が「財務収支差額」になります。

[資金繰り予測表]　　　　　　　　　　　　　　　　　　　　　（単位　千円）

科目	1月	2月	3月	第一四半期	4月	5月	6月	中間　計
新規借入金		10,000		10,000				10,000
その他				0				0
財務収入　合計	0	10,000	0	10,000	0	0	0	10,000
借入金返済	458	458	458	1,374	623	623	623	3,243
固定資産　取得		12,000		12,000				12,000
その他				0				0
財務支出　合計	458	12,458	458	13,374	623	623	623	15,243
財務収支差額	−458	−2,458	−458	−3,374	−623	−623	−623	−5,243

⑩　総合収支の記入

イ　総合資金収支差額

　「フリーキャッシュフロー」に「財務収支差額」を加減して「総合資金収支差額」を計算します。この「総合資金収支差額」が最終的なキャッシュ（現金預金）の増減になります。毎月プラスとなるのが理想ですが、このモデル会社では税金の支払いや買掛金の支払いが多い月はマイナスになっています。しかし、かろうじて「中間　計」ではプラスになっています。

　もし期末の時点でこの「総合資金収支差額」がマイナスの場合は、1年間でキャッシュ（現金預金）が減少していますので注意が必要です。

[資金繰り予測表]　　　　　　　　　　　　　　　　　　　　　（単位　千円）

科目	1月	2月	3月	第一四半期	4月	5月	6月	中間　計
フリーキャッシュフロー	6,556	−414	−5,640	502	14,279	−2,547	−1,008	11,226
新規借入金		10,000		10,000				10,000
その他				0				0
財務収入　合計	0	10,000	0	10,000	0	0	0	10,000
借入金返済	458	458	458	1,374	623	623	623	3,243
固定資産　取得		12,000		12,000				12,000
その他				0				0
財務支出　合計	458	12,458	458	13,374	623	623	623	15,243
財務収支差額	−458	−2,458	−458	−3,374	−623	−623	−623	−5,243
総合資金収支差額	6,098	−2,872	−6,098	−2,872	13,656	−3,170	−1,631	5,983

□　前月末現金預金残高、当月末現金預金残高

　モデル会社の「前期末　現金預金残高」の１月に30,015千円と記入してく
ださい。この「前期末　現金預金残高」に「総合資金収支差額」プラス・マ
イナスにして「当月末　現金預金残高」を求めます。「エクセルシート　資
金繰り予測表」には計算式を組んでありますの「前期末　現金預金残高」だ
け入れれば、あとは自動的に計算が行われます。

[資金繰り予測表]　　　　　　　　　　　　　　　　　　　　　　（単位　千円）

科目	1月	2月	3月	第一四半期	4月	5月	6月	中間　計
総合資金収支差額	6,098	−2,872	−6,098	−2,872	13,656	−3,170	−1,631	5,983
前月末　現金預金残高	30,015	36,113	33,241		27,143	40,799	37,629	
当月末　現金預金残高	36,113	33,241	27,143		40,799	37,629	35,998	

　このモデル会社では、「当月末　現金預金残高」は６月まで、ある程度余
裕がありますが、資金繰り予測表を作成した結果、「当月末　現金預金残
高」がマイナスになる場合、又はプラスでも現金預金残高が少なくなる場合
には、少しの計画のずれで資金ショートして、最悪の場合倒産という事態に
陥ります。早めに銀行など金融機関に融資の相談をするとともに売上アップ
の対策、経費の削減を実行し、少しでもキャッシュ（現金預金）を増やす努
力を行って行きましょう。

　以上で「資金繰り予測表」は完成です。今回、この「資金繰り予測表」の
エクセルシートもご用意しましたので、是非皆さんの会社の「資金繰り予測
表」も作成してみてください（194ページ参照）。

(3) 資金繰り予測・実績表の作成

　事業年度がスタートし、各月の実績が出ましたら、その月の数値を「実績額」に変更していきます。

　モデル会社では、1月の実績が出ましたので1月分に「実績の数値」を入れるとともに、この先6ヶ月分の資金繰りの予測を行うため、7月分の予想数値を入れています。

　モデル会社の「資金繰り予想・実績表」では以下の修正を行っています。

① 　1月の数値を実績に変更しています。
② 　1月の売掛金入金が2月にずれた分があり、1月、2月の「売掛金回収」を修正しました。
③ 　1月の売上を受けて4月、5月の「手形期日落ち」を修正しました。
④ 　3月に「手形割引　10,000」を予定、手形を修正し、「支払利息・割引料」を追加しました。
⑤ 　1月末「現金預金残高」が変わりましたので、各月の「現金預金残高」を修正しました。
⑥ 　7月の「資金繰り予測」を追加しました。

　また、実績額の場合は「現金預金　一覧表」を作成し実際の現金預金残高と一致していることを必ず毎月確認してください。

　この他にも、事業年度がスタートした後、顧客の増加又は減少に伴う売上の増減、及び仕入れの増減、人の採用や退職による人件費の増減、店舗、事務所、倉庫などの増加、減少による家賃の増減などが予想される場合には、素早く「資金繰り予測・実績表」を変更し、常に実態に近い状態に整えておくのが実務では必要です。また経営に「キャッシュフロー（資金繰り）」を活用することができると思います。

[資金繰り予測・実績表]（20××年12月期）

No 1 当初計画

		1月	2月	3月	第一四半期	4月	5月	6月
	売上高							
	現金売上	12,300	9,427	13,376	35,103	14,905	12,666	11,798
	売掛金回収	11,560	16,400	12,353	40,313	16,214	19,195	14,669
	手形期日落	12,840	11,840	13,730	38,410	5,500	14,000	12,980
	手形割引			10,000	10,000			
	売上代金合計	36,700	37,667	49,459	123,826	36,619	45,861	39,447
	仕入高							
	現金仕入				0			
営業収支	買掛金支払	10,600	12,199	23,397	46,196	10,890	14,196	16,362
	手形決済	12,100	11,500	13,200	36,800	11,209	22,572	9,735
	仕入代金合計	22,700	23,699	36,597	82,996	22,099	36,768	26,097
	売上総利益	14,000	13,968	12,862	40,830	14,520	9,093	13,350
	販売費及び一般管理費							
	役員報酬	1,500	1,500	1,500	4,500	1,575	1,575	1,575
	給与手当	2,500	2,500	2,500	7,500	2,900	2,900	2,900
	賞与手当							5,000
	社会保険他　預り金（－）	−960	−960	−960	−2,880	−1,073	−1,073	−1,923
	その他の販売管理費	3,340	3,378	3,929	10,647	4,305	3,413	3,630
	減価償却費（－）	−400	−400	−400	−1,200	−500	−500	−500
	引当金繰入（－）				0			
	消　費　税（＋）	282	268	333	883	371	282	284
	販売費及び一般管理費合計	6,262	6,286	6,902	19,450	7,578	6,597	10,966
	(参考) 社会保険他控除　営業収支差額	6,178	6,122	4,400	16,700	5,198	752	−960
	営業収支差額	7,738	7,682	5,960	21,380	6,942	2,496	2,384
	営業外収入							
営業外収支	受取利息・配当金		5		5			
	雑収入　その他				0			
	営業外支出							
	支払利息・割引料	41	41	60	142	49	49	48
	その他				0			
	営業外収支差額	−41	−36	−60	−137	−49	−49	−48
税金・社会保険	法人税・住民税・事業税		4,030		4,030			
	消費税		1,470		1,470		1,350	
	源泉所得税　住民税	400	400	400	1,200	447	447	597
	社会保険料　労働保険料他	1,160	1,160	1,160	3,480	1,297	1,297	2,747
	税金・社会保険他　合計	1,560	7,060	1,560	10,180	1,744	3,094	3,344
	フリーキャッシュフロー	6,137	586	4,340	11,063	5,149	−647	−1,008
	新規借入金		10,000		10,000			
	その他				0			
財務収支	財務収入　合計	0	10,000	0	10,000	0	0	0
	借入金返済	458	458	458	1,374	623	623	623
	固定資産　取得		12,000		12,000			
	その他				0			
	財務支出　合計	458	12,458	458	13,374	623	623	623
	財務収支差額	−458	−2,458	−458	−3,374	−623	−623	−623
総合収支	総合資金収支差額	5,679	−1,872	3,882	7,689	4,526	−1,270	−1,631
	前月末　現金預金残高	30,015	35,694	33,822		37,704	42,230	40,960
	当月末　現金預金残高	35,694	33,822	37,704		42,230	40,960	39,329

現金預金　一覧表

	1月	2月	3月		4月	5月	6月
現　　金							
レジ現金	105						
小口現金	50						
小　　計	155	0	0		0	0	0
○○銀行××支店　普通預金	7,845						
当座預金	15,439						
定期預金	5,000						
小　　計	28,284	0	0		0	0	0
△△銀行××支店　普通預金	5,255						
定期預金	2,000						
小　　計	7,255	0	0		0	0	0
現金預金　合計	35,694	0	0		0	0	0

(単位千円)

中間計	7月
74,472	13,600
90,391	13,500
70,890	12,500
10,000	
245,753	39,600
0	
87,644	15,500
80,316	10,600
167,960	26,100
77,793	13,500
9,225	1,575
16,200	2,900
5,000	
−6,949	−1,073
21,995	3,520
−2,700	−500
0	
1,820	285
44,591	6,707
21,690	5,049
33,202	6,793
5	
0	
288	47
0	
−283	−47
4,030	
2,820	
2,691	447
8,821	1,297
18,362	1,744
14,557	5,002
10,000	
0	
10,000	0
3,243	623
12,000	
0	
15,243	623
−5,243	−623
9,314	4,379
	39,329
	43,708

	7月
	0
	0
	0
	0

▨▨▨ が修正箇所です。

① 1月の数値を実績に変更しています。

② 1月の売掛金入金が2月にずれた分があり、2月の「売掛金回収」を修正しました。

③ 1月の売上を受けて4月5月の「手形期日落ち」を修正しました。

④ 3月に「手形割引 10,000」を予定し手形を修正し「支払利息・割引料」を追加しました。

⑤ 1月末「現金預金残高」が変わりましたので各月の「現金預金残高」を修正しました。

⑥ 7月の「資金繰り予測」を追加しました。

★エクセルデータをダウンロードいただけます（194ページ参照）。

第6章　コロナ禍での
「資金繰り予測表」
の活用

新型コロナウィルス感染症の影響による緊急事態宣言や世の中の自粛ムードにより売上が激減、赤字になり、家賃や人件費などの支払いに苦労する中小企業も多くなっています。

　政府も「持続化給付金」「家賃支援給付金」「雇用調整助成金」などの支援を行ったり、政府系や民間の金融機関による緊急融資もありますが、企業自体も「給付金、緊急融資で当面の資金はまかなえたが、今後資金ショートしないか？」「借入金の元本据え置き期間が終了した後の返済は可能か？」「このような状態が2年以上続いても会社は存続できるか？またそのための対策は？」など不安な要素が拭えず、これまで以上に将来の資金繰りを予測して早め早めの手を打っていく必要があります。

　また再度融資が必要になった場合は、その返済財源の説明が求められます。今回のコロナウィルス感染症に関する融資は、政府の要請もあり、また緊急性がありましたので、審査はかなり緩かったと思います。しかし、今後は「どうやって返済するのか」という返済財源が明確でないと融資を受けることは難しくなっていくと思います。

　そのような時には、これからご紹介する「資金繰り予測表」をしっかり作成し、返済できることを銀行など金融機関に説明して行くことが重要となり、融資実行につながります。

（1）　資金繰り予測表の作成と新型コロナウイルス感染症の影響による下方修正

　下記の会社をモデル会社として「資金繰り予測表」を作成しました。この計画は新型コロナウイルス感染症の影響が出る前に作成していますので、「フリーキャッシュフロー」「総合資金収支差額」ともに毎月概ねプラスで、1年経過後の数値も順調に増加しています。

【モデル会社】
・2021年3月決算

・飲食業を営む法人　売上　大部分　現金売上、一部カード
　　　　　　　　　　仕入　月末締め翌月末払い　売上原価率　30%

・消費税は税抜処理

　「資金繰り予測表」№2は、新型コロナウイルス感染症の影響で資金繰り予測表を下方修正したものです。

　4月、5月は「緊急事態宣言」の影響で、売上が計画の55％減少（計画の45％の売上）になりました。6月以降緊急事態宣言は解除されましたが、世の中の自粛ムードを受けて売上を計画の40％減少（計画の60％の売上）として作成しました。

　ご覧の通り、何も対策を打ちませんと6月で資金ショートします。その後もキャッシュ（現金預金）は減少し続けますので、このままですと確実に倒産です。

[資金繰り予測表　No.1　当初計画]

No.1 当初計画

		4月	5月	6月	第一四半期	7月	8月	9月
営業収支	売上高							
	現金売上	4,400	4,950	4,180	13,530	4,400	4,730	4,400
	売掛金回収	1,100	1,100	800	3,000	1,000	1,050	1,000
	手形期日落				0			
	手形割引				0			
	売上代金合計	5,500	6,050	4,980	16,530	5,400	5,780	5,400
	仕入高							
	現金仕入				0			
	買掛金支払	1,716	1,650	1,815	5,181	1,494	1,620	1,734
	手形決済				0			
	仕入代金合計	1,716	1,650	1,815	5,181	1,494	1,620	1,734
	売上総利益	3,784	4,400	3,165	11,349	3,906	4,160	3,666
	販売費及び一般管理費							
	役員報酬	1,000	1,000	1,000	3,000	1,000	1,000	1,000
	給与手当	500	300	400	1,200	500	600	500
	賞与手当			600	600			
	社会保険他　預り金（－）	−325	−300	−466	−1,091	−325	−335	−325
	その他の販売管理費	1,200	1,200	1,200	3,600	1,200	1,200	1,200
	減価償却費（－）	−100	−100	−100	−300	−100	−100	−100
	引当金繰入（－）				0			
	消　費　税（＋）	110	110	110	330	110	110	110
	販売費及び一般管理費合計	2,385	2,210	2,744	7,339	2,385	2,475	2,385
	（参考）社会保険他控除　営業収支差額	923	1,734	−35	2,622	815	1,199	805
	営業収支差額	1,399	2,190	421	4,010	1,521	1,685	1,281
営業外収支	営業外収入							
	受取利息・配当金				0			
	雑収入　その他				0			
	営業外支出				0			
	支払利息・割引料	12	12	12	36	12	12	12
	その他				0			
	営業外収支差額	−12	−12	−12	−36	−12	−12	−12
税金・社会保険	法人税・住民税・事業税		500		500			
	消費税		1,300		1,300			
	源泉所得税　住民税	150	130	130	410	200	160	150
	社会保険料　労働保険料他	326	326	326	978	506	326	326
	税金・社会保険他　合計	476	2,256	456	3,188	706	486	476
	フリーキャッシュフロー	911	−78	−47	786	803	1,187	793
財務収支	新規借入金				0			
	その他				0			
	財務収入合計	0	0	0	0	0	0	0
	借入金返済	166	166	166	498	166	166	166
	固定資産　取得				0			
	その他				0			
	財務支出　合計	166	166	166	498	166	166	166
	財務収支差額	−166	−166	−166	−498	−166	−166	−166
総合収支	総合資金収支差額	745	−244	−213	288	637	1,021	627
	前月末　現金預金残高	5,100	5,845	5,601		5,388	6,025	7,046
	当月末　現金預金残高	5,845	5,601	5,388		6,025	7,046	7,673

★エクセルデータをダウンロードいただけます（194ページ参照）。

（2021年3月期）　　　　　　　　　　　　　　　　　　　　　　　　　　　　（単位　千円）

中間計	10月	11月	12月	第三四半期	1月	2月	3月	合計
27,060	4,510	4,400	5,500	41,470	4,180	3,960	4,620	54,230
6,050	1,000	1,000	1,200	9,250	900	800	1,100	12,050
0				0				0
0				0				0
33,110	5,510	5,400	6,700	50,720	5,080	4,760	5,720	66,280
0				0				0
10,029	1,620	1,653	1,620	14,922	2,010	1,524	1,428	19,884
0				0				0
10,029	1,620	1,653	1,620	14,922	2,010	1,524	1,428	19,884
23,081	3,890	3,747	5,080	35,798	3,070	3,236	4,292	46,396
6,000	1,000	1,000	1,000	9,000	1,000	1,000	1,000	12,000
2,800	500	500	600	4,400	500	500	500	5,900
600			600	1,200				1,200
−2,076	−325	−325	−335	−3,061	−325	−325	−325	−4,036
7,200	1,200	1,200	1,200	10,800	1,200	1,200	1,200	14,400
−600	−100	−100	−100	−900	−100	−100	−100	−1,200
0				0				0
660	110	110	110	990	110	110	110	1,320
14,584	2,385	2,385	3,075	22,429	2,385	2,385	2,385	29,584
5,441	1,029	886	1,519	8,875	−21	375	1,431	10,660
8,497	1,505	1,362	2,005	13,369	685	851	1,907	16,812
0				0				0
0				0				0
0				0				0
72	11	11	11	105	11	11	11	138
0				0				0
−72	−11	−11	−11	−105	−11	−11	−11	−138
500		600		1,100				1,100
1,300		1,500		2,800				2,800
920	150	150	160	1,380	200	150	150	1,880
2,136	326	326	326	3,114	506	326	326	4,272
4,856	476	2,576	486	8,394	706	476	476	10,052
3,569	1,018	−1,225	1,508	4,870	−32	364	1,420	6,622
0				0				0
0				0				0
0	0	0	0	0	0	0	0	0
996	166	166	166	1,494	166	166	166	1,992
0				0				0
0				0				0
996	166	166	166	1,494	166	166	166	1,992
−996	−166	−166	−166	−1,494	−166	−166	−166	−1,992
2,573	852	−1,391	1,342	3,376	−198	198	1,254	4,630
	7,673	8,525	7,134		8,476	8,278	8,476	
	8,525	7,134	8,476		8,278	8,476	9,730	

（1）　資金繰り予測表の作成と新型コロナウイルス感染症の影響による下方修正　　　179

[資金繰り予測表　No.2　コロナウィルス感染症の影響で下方修正]

No.2 コロナウィルス感染症の影響で下方修正　　　　　　　　　　　　　　　　資金繰り予測表

		4月	5月	6月	第一四半期	7月	8月	9月
営業収支	売上高							
	現金売上	1,980	2,227	2,508	6,715	2,640	2,838	2,640
	売掛金回収	495	495	480	1,470	600	630	600
	手形期日落				0			
	手形割引				0			
	売上代金合計	2,475	2,722	2,988	8,185	3,240	3,468	3,240
	仕入高							
	現金仕入				0			
	買掛金支払	1,716	742	816	3,274	896	972	1,040
	手形決済				0			
	仕入代金合計	1,716	742	816	3,274	896	972	1,040
	売上総利益	759	1,980	2,172	4,911	2,344	2,496	2,200
	販売費及び一般管理費							
	役員報酬	1,000	1,000	1,000	3,000	1,000	1,000	1,000
	給与手当	500	300	400	1,200	500	600	500
	賞与手当			600	600			
	社会保険他　預り金（−）	−325	−300	−466	−1,091	−325	−335	−325
	その他の販売管理費	1,200	1,200	1,200	3,600	1,200	1,200	1,200
	減価償却費（−）	−100	−100	−100	−300	−100	−100	−100
	引当金繰入（−）				0			
	消　費　税（+）	110	110	110	330	110	110	110
	販売費及び一般管理費合計	2,385	2,210	2,744	7,339	2,385	2,475	2,385
	（参考）社会保険他控除　営業収支差額	−2,102	−686	−1,028	−3,816	−747	−465	−661
	営業収支差額	−1,626	−230	−572	−2,428	−41	21	−185
営業外収支	営業外収入							
	受取利息・配当金				0			
	雑収入　その他				0			
	営業外支出				0			
	支払利息・割引料	12	12	12	36	12	12	12
	その他				0			
	営業外収支額	−12	−12	−12	−36	−12	−12	−12
税金・社会保険	法人税・住民税・事業税		500		500			
	消費税		1,300		1,300			
	源泉所得税　住民税	150	130	130	410	200	160	150
	社会保険料　労働保険料他	326	326	326	978	506	326	326
	税金・社会保険他　合計	476	2,256	456	3,188	706	486	476
	フリーキャッシュフロー	−2,114	−2,498	−1,040	−5,652	−759	−477	−673
財務収支	新規借入金				0			
	その他				0			
	財務収入　合計	0	0	0	0	0	0	0
	借入金返済	166	166	166	498	166	166	166
	固定資産　取得				0			
	その他				0			
	財務支出　合計	166	166	166	498	166	166	166
	財務収支差額	−166	−166	−166	−498	−166	−166	−166
総合収支	総合資金収支差額	−2,280	−2,664	−1,206	−6,150	−925	−643	−839
	前月末　現金預金残高	5,100	2,820	156		−1,050	−1,975	−2,618
	当月末　現金預金残高	2,820	156	−1,050		−1,975	−2,618	−3,457

①　4月、5月の売上高　55％減少

②　6月以降の売上高　40％減少

③　売上高の減少分、買掛金の支払いも減少（原価率30％）

★エクセルデータをダウンロードいただけます（194ページ参照）。

（2021年3月期）　　　　　　　　　　　　　　　　　　　　　　　　（単位　千円）

中間計	10月	11月	12月	第三四半期	1月	2月	3月	合計
14,833	2,706	2,640	3,300	23,479	2,508	2,376	2,772	31,135
3,300	600	600	720	5,220	540	480	660	6,900
0				0				0
0				0				0
18,133	3,306	3,240	4,020	28,699	3,048	2,856	3,432	38,035
0								0
6,182	972	991	972	9,117	1,206	914	1,428	12,665
0				0				0
6,182	972	991	972	9,117	1,206	914	1,428	12,665
11,951	2,334	2,249	3,048	19,582	1,842	1,942	2,004	25,370
6,000	1,000	1,000	1,000	9,000	1,000	1,000	1,000	12,000
2,800	500	500	600	4,400	500	500	500	5,900
600			600	1,200				1,200
−2,076	−325	−325	−335	−3,061	−325	−325	−325	−4,036
7,200	1,200	1,200	1,200	10,800	1,200	1,200	1,200	14,400
−600	−100	−100	−100	−900	−100	−100	−100	−1,200
0				0				0
660	110	110	110	990	110	110	110	1,320
14,584	2,385	2,385	3,075	22,429	2,385	2,385	2,385	29,584
−5,689	−527	−612	−513	−7,341	−1,249	−919	−857	−10,366
−2,633	−51	−136	−27	−2,847	−543	−443	−381	−4,214
0				0				0
0				0				0
0				0				0
72	11	11	11	105	11	11	11	138
0				0				0
−72	−11	−11	−11	−105	−11	−11	−11	−138
500		600		1,100				1,100
1,300		1,500		2,800				2,800
920	150	150	160	1,380	200	150	150	1,880
2,136	326	326	326	3,114	506	326	326	4,272
4,856	476	2,576	486	8,394	706	476	476	10,052
−7,561	−538	−2,723	−524	−11,346	−1,260	−930	−868	−14,404
0				0				0
0				0				0
0	0	0	0	0	0	0	0	0
996	166	166	166	1,494	166	166	166	1,992
0				0				0
0				0				0
996	166	166	166	1,494	166	166	166	1,992
−996	−166	−166	−166	−1,494	−166	−166	−166	−1,992
−8,557	−704	−2,889	−690	−12,840	−1,426	−1,096	−1,034	−16,396
	−3,457	−4,161	−7,050		−7,740	−9,166	−10,262	
	−4,161	−7,050	−7,740		−9,166	−10,262	−11,296	

(2)　対策後の資金繰り予測表

　モデル会社では、上記の結果を受けて下記の対策を行いました。なお、売上については今後も不透明のため、硬めに予想し変更していません。
① 役員報酬を月200千円減額
② アルバイト・パートの人員を一部削減、従業員賞与なしに
③ 経費削減により「その他の販売管理費」を月100千円削減
④ 「持続化給付金」を申請し、2,000千円支給を受ける
⑤ 「家賃支援給付金」を申請し、2,400千円支給を受ける
⑥ 政府系金融機関から新規借入れ　5,000千円　（元本据え置き　1年）
　上記の結果、「総合資金収支差額」が1年間で442千円プラスとなり、2021年3月末の現金預金残高5,542千円が出ています。

　修正した資金繰り予測表№3では、2021年3月末の現金預金残高が5,542千円ですので、新型コロナウイルス感染症の第2波などの影響で、計画より実際の売上減少が大きくなるとまだ危険です。もう少し借入れの金額を多くして、元本据え置き期間も2年以上とすると良いと思います。

(3)　2022年度3月決算の予測と修正

　さらに、翌期（2022年3月期）の資金繰りを予想してみました（資金繰り予測表№4）。この期も最悪の場合、新型コロナウイルス感染症の影響が残ると考え、売上げを通常の60％（40％減少）で予測しました。
　新型コロナウイルス感染症の緊急融資で借りた借入金の元本据え置きが2021年1月で終了し、現金預金残高がマイナス543千円になっています。
　新型コロナウイルス感染症が終息し、世の中が元通りになればいいですが、2022年3月期もその影響を受けますと上記の試算のように期末には資金ショートしてしまいます。
　そこで以下の対策を立てていきます。
① 持ち帰り、宅配を強化して売上を10％増加させる

② 役員報酬をさらに月100千円減額
③ 支払家賃を交渉して月100千円減額してもらう

「No.5　翌期の予想（対策後）」を見ていただくと、上記を実行できれば期末（2022年3月）の現金預金残高はプラスで　5,828千円になっています。

ただし、上記はあくまで予想ですので実際はこのように売上が増加するかわかりません。

また、持ち帰り・宅配を強化するにはデリバリー用のバイク、容器の用意や広告宣伝用のHP、チラシの準備、場合によっては店舗の改装の必要があるかもしれません。

持ち帰り・宅配を始めるための資金需要と安全のための現金預金を確保するため、新規の借入を行うのも一案です。

既述の通り、新型コロナウイルス感染症の緊急融資は審査はかなり緩かった印象があります。しかし、今後は「どうやって返済するのか」という返済財源が明確でないと融資を受けることは難しくなりますので、作成した「資金繰り予測表」を「融資依頼書兼経営計画書（192ページ参照）」とともに提出し、銀行など金融機関に丁寧に説明して行くことが非常に重要になります。

このような融資にかぎらずとも、銀行など金融機関は将来の資金予想まで出している会社は非常に少なく、返済財源まできちんと計画されているととても安心するようです。

ここまで、コロナ禍での「資金繰り予測表」の活用について解説しましたが、このような非常時以外でも、「従業員が増加して人件費が増える」「新規出店で固定費が増加する」「新製品の広告宣伝を強化したい」「設備投資で新規の借入れを行う」などあらゆる場面で、ご紹介した「資金繰り予測表」は活用できます。早め早めのキャッシュフロー（資金繰り）を予測して経営の安定化に努めてください。

[資金繰り予測表№.3　給付金受領、経費削減、新規借入を実行]

No.3 給付金受領、経費削減、新規借入を実行　　　　　　　　　　　　　　　　　　　資金繰り予測表

		4月	5月	6月	第一四半期	7月	8月	9月
営業収支	売上高							
	現金売上	1,980	2,227	2,508	6,715	2,640	2,838	2,640
	売掛金回収	495	495	480	1,470	600	630	600
	手形期日落				0			
	手形割引				0			
	売上代金合計	2,475	2,722	2,988	8,185	3,240	3,468	3,240
	仕入高							
	現金仕入				0			
	買掛金支払	1,716	742	816	3,274	896	972	1,040
	手形決済				0			
	仕入代金合計	1,716	742	816	3,274	896	972	1,040
	売上総利益	759	1,980	2,172	4,911	2,344	2,496	2,200
	販売費及び一般管理費							
	役員報酬	800	800	800	2,400	800	800	800
	給与手当	300	300	300	900	300	300	300
	賞与手当				0			
	社会保険他　預り金（−）	−210	−210	−210	−630	−210	−210	−210
	その他の販売管理費	1,100	1,100	1,100	3,300	1,100	1,100	1,100
	減価償却費（−）	−100	−100	−100	−300	−100	−100	−100
	引当金繰入（−）				0			
	消　費　税（＋）	105	105	105	315	105	105	105
	販売費及び一般管理費合計	1,995	1,995	1,995	5,985	1,995	1,995	1,995
	(参考) 社会保険他控除　営業収支額	−1,662	−441	−155	−2,258	−83	169	−127
	営業収支差額	−1,236	−15	177	−1,074	349	501	205
営業外収支	営業外収入							
	受取利息・配当金				0			
	雑収入　その他			2,000	2,000	2,400		
	営業外支出				0			
	支払利息・割引料	12	12	20	44	20	20	20
	その他				0			
	営業外収支差額	−12	−12	1,980	1,956	2,380	−20	−20
税金・社会保険	法人税・住民税・事業税		500		500			
	消費税		1,300		1,300			
	源泉所得税　住民税	100	100	100	300	100	100	100
	社会保険料　労働保険料他	326	326	232	884	332	232	232
	税金・社会保険他　合計	426	2,226	332	2,984	432	332	332
	フリーキャッシュフロー	−1,674	−2,253	1,825	−2,102	2,297	149	−147
財務収支	新規借入金		5,000		5,000			
	その他				0			
	財務収入　合計	0	5,000	0	5,000	0	0	0
	借入金返済	166	166	166	498	166	166	166
	固定資産　取得				0			
	その他				0			
	財務支出　合計	166	166	166	498	166	166	166
	財務収支差額	−166	4,834	−166	4,502	−166	−166	−166
総合収支	総合資金収支差額	−1,840	2,581	1,659	2,400	2,131	−17	−313
	前月末　現金預金残高	5,100	3,260	5,841		7,500	9,631	9,614
	当月末　現金預金残高	3,260	5,841	7,500		9,631	9,614	9,301

① 役員報酬を月200千円減額
② アルバイト、パートの人員を削減、従業員賞与を無しに
③ 経費削減により「その他の販売管理費」を月100千円削減
④ 6月に「持続化給付金」2,000千円の支給を受ける
⑤ 7月に「家賃支援給付金」2,400千円の支給を受ける
⑥ 5月に新規借入5,000千円　新規借入　元本据え置き1年間

★エクセルデータをダウンロードいただけます（194ページ参照）。

(2021年3月期) （単位　千円）

中間計	10月	11月	12月	第三四半期	1月	2月	3月	合計
14,833	2,706	2,640	3,300	23,479	2,508	2,376	2,772	31,135
3,300	600	600	720	5,220	540	480	660	6,900
0				0				0
0				0				0
18,133	3,306	3,240	4,020	28,699	3,048	2,856	3,432	38,035
0				0				0
6,182	972	991	972	9,117	1,206	914	1,428	12,665
0				0				0
6,182	972	991	972	9,117	1,206	914	1,428	12,665
11,951	2,334	2,249	3,048	19,582	1,842	1,942	2,004	25,370
4,800	800	800	800	7,200	800	800	800	9,600
1,800	300	300	300	2,700	300	300	300	3,600
−1,260	−210	−210	−210	−1,890	−210	−210	−210	−2,520
6,600	1,100	1,100	1,100	9,900	1,100	1,100	1,100	13,200
−600	−100	−100	−100	−900	−100	−100	−100	−1,200
0				0				0
630	105	105	105	945	105	105	105	1,260
11,970	1,995	1,995	1,995	17,955	1,995	1,995	1,995	23,940
−2,299	7	−78	721	−1,649	−485	−385	−323	−2,842
−19	339	254	1,053	1,627	−153	−53	9	1,430
0				0				0
4,400				4,400				4,400
0				0				0
104	20	20	20	164	20	20	20	224
0				0				0
4,296	−20	−20	−20	4,236	−20	−20	−20	4,176
500		600		1,100				1,100
1,300		1,500		2,800				2,800
600	100	100	100	900	100	100	100	1,200
1,680	232	232	232	2,376	232	232	232	3,072
4,080	332	2,432	332	7,176	332	332	332	8,172
197	−13	−2,198	701	−1,313	−505	−405	−343	−2,566
5,000				5,000				5,000
0				0				0
5,000	0	0	0	5,000	0	0	0	5,000
996	166	166	166	1,494	166	166	166	1,992
0				0				0
0				0				0
996	166	166	166	1,494	166	166	166	1,992
4,004	−166	−166	−166	3,506	−166	−166	−166	3,008
4,201	−179	−2,364	535	2,193	−671	−571	−509	442
	9,301	9,122	6,758		7,293	6,622	6,051	
	9,122	6,758	7,293		6,622	6,051	5,542	

No.4 翌期の予想（対策前）　　　　　　　　　　　　　　　　　　　　　資金繰り予測表

		4月	5月	6月	第一四半期	7月	8月	9月
	売上高							
	現金売上	2,640	2,970	2,508	8,118	2,640	2,838	2,640
	売掛金回収	660	660	480	1,800	600	630	600
	手形期日落				0			
	手形割引				0			
	売上代金合計	3,300	3,630	2,988	9,918	3,240	3,468	3,240
	仕入高							
	現金仕入				0			
	買掛金支払	1,029	990	1,089	3,108	896	972	1,040
	手形決済				0			
	仕入代金合計	1,029	990	1,089	3,108	896	972	1,040
営業収支	売上総利益	2,271	2,640	1,899	6,810	2,344	2,496	2,200
	販売費及び一般管理費							
	役員報酬	800	800	800	2,400	800	800	800
	給与手当	300	300	300	900	300	300	300
	賞与手当				0			
	社会保険他　預り金（−）	−210	−210	−210	−630	−210	−210	−210
	その他の販売管理費	1,100	1,100	1,100	3,300	1,100	1,100	1,100
	減価償却費（−）	−100	−100	−100	−300	−100	−100	−100
	引当金繰入（−）				0			
	消　費　税（＋）	105	·105	105	315	105	105	105
	販売費及び一般管理費合計	1,995	1,995	1,995	5,985	1,995	1,995	1,995
	（参考）社会保険他控除　営業収支差額	−150	219	−428	−359	−83	169	−127
	営業収支差額	276	645	−96	825	349	501	205
	営業外収入							
	受取利息・配当金				0			
	雑収入　その他				0			
営業外収支	営業外支出				0			
	支払利息・割引料	20	20	20	60	20	20	20
	その他				0			
	営業外収支差額	−20	−20	−20	−60	−20	−20	−20
税金・社会保険	法人税・住民税・事業税		70		70			
	消費税		760		760			
	源泉所得税　住民税	100	100	100	300	100	100	100
	社会保険料　労働保険料他	326	326	232	884	332	232	232
	税金・社会保険他　合計	426	1,256	332	2,014	432	332	332
	フリーキャッシュフロー	−170	−631	−448	−1,249	−103	149	−147
	新規借入金				0			
	その他				0			
	財務収入　合計	0	0	0	0	0	0	0
財務収支	借入金返済	166	286	286	738	286	286	286
	固定資産　取得				0			
	その他				0			
	財務支出　合計	166	286	286	738	286	286	286
	財務収支差額	−166	−286	−286	−738	−286	−286	−286
総合収支	総合資金収支差額	−336	−917	−734	−1,987	−389	−137	−433
	前月末　現金預金残高	5,542	5,206	4,289		3,555	3,166	3,029
	当月末　現金預金残高	5,206	4,289	3,555		3,166	3,029	2,596

★エクセルデータをダウンロードいただけます（194ページ参照）。

（2022年3月期）　　　　　　　　　　　　　　　　　　　　　　　　　　（単位　千円）

中間計	10月	11月	12月	第三四半期	1月	2月	3月	合計
16,236	2,706	2,640	3,300	24,882	2,508	2,376	2,772	32,538
3,630	600	600	720	5,550	540	480	660	7,230
0				0				0
0				0				0
19,866	3,306	3,240	4,020	30,432	3,048	2,856	3,432	39,768
0				0				0
6,016	972	991	972	8,951	1,206	914	1,428	12,499
0				0				0
6,016	972	991	972	8,951	1,206	914	1,428	12,499
13,850	2,334	2,249	3,048	21,481	1,842	1,942	2,004	27,269
4,800	800	800	800	7,200	800	800	800	9,600
1,800	300	300	300	2,700	300	300	300	3,600
0				0				0
−1,260	−210	−210	−210	−1,890	−210	−210	−210	−2,520
6,600	1,100	1,100	1,100	9,900	1,100	1,100	1,100	13,200
−600	−100	−100	−100	−900	−100	−100	−100	−1,200
0				0				0
630	105	105	105	945	105	105	105	1,260
11,970	1,995	1,995	1,995	17,955	1,995	1,995	1,995	23,940
−400	7	−78	721	250	−485	−385	−323	−943
1,880	339	254	1,053	3,526	−153	−53	9	3,329
0				0				0
0				0				0
0				0				0
120	20	20	20	180	20	20	20	240
0				0				0
−120	−20	−20	−20	−180	−20	−20	−20	−240
70				70				70
760		760		1,520				1,520
600	100	100	100	900	100	100	100	1,200
1,680	232	232	232	2,376	232	232	232	3,072
3,110	332	1,092	332	4,866	332	332	332	5,862
−1,350	−13	−858	701	−1,520	−505	−405	−343	−2,773
0				0				0
0				0				0
0	0	0	0	0	0	0	0	0
1,596	286	286	286	2,454	286	286	286	3,312
0				0				0
0				0				0
1,596	286	286	286	2,454	286	286	286	3,312
−1,596	−286	−286	−286	−2,454	−286	−286	−286	−3,312
−2,946	−299	−1,144	415	−3,974	−791	−691	−629	−6,085
	2,596	2,297	1,153		1,568	777	86	
	2,297	1,153	1,568		777	86	−543	

［資金繰り予測表№.5　翌期の予想（対策後）］

		4月	5月	6月	第一四半期	7月	8月	9月
営業収支	売上高							
	現金売上	2,904	3,267	2,758	8,929	2,904	3,121	2,904
	売掛金回収	726	726	528	1,980	660	693	660
	手形期日落				0			
	手形割引				0			
	売上代金合計	3,630	3,993	3,286	10,909	3,564	3,814	3,564
	仕入高							
	現金仕入				0			
	買掛金支払	1,132	1,089	1,197	3,418	985	1,069	1,144
	手形決済				0			
	仕入代金合計	1,132	1,089	1,197	3,418	985	1,069	1,144
	売上総利益	2,498	2,904	2,089	7,491	2,579	2,745	2,420
	販売費及び一般管理費							
	役員報酬	700	700	700	2,100	700	700	700
	給与手当	300	300	300	900	300	300	300
	賞与手当				0			
	社会保険他　預り金（−）	−195	−195	−195	−585	−195	−195	−195
	その他の販売管理費	1,000	1,000	1,000	3,000	1,000	1,000	1,000
	減価償却費（−）	−100	−100	−100	−300	−100	−100	−100
	引当金繰入（−）				0			
	消　費　税（＋）	95	95	95	285	95	95	95
	販売費及び一般管理費合計	1,800	1,800	1,800	5,400	1,800	1,800	1,800
	（参考）社会保険他控除　営業収支差額	376	782	−1	1,157	435	655	330
	営業収支差額	698	1,104	289	2,091	779	945	620
営業外収支	営業外収入							
	受取利息・配当金				0			
	雑収入　その他				0			
	営業外支出				0			
	支払利息・割引料	20	20	20	60	20	20	20
	その他				0			
	営業外収支差額	−20	−20	−20	−60	−20	−20	−20
税金・社会保険	法人税・住民税・事業税		70		70			
	消費税		760		760			
	源泉所得税　住民税	90	90	90	270	90	90	90
	社会保険料　労働保険料他	232	232	200	664	254	200	200
	税金・社会保険他　合計	322	1,152	290	1,764	344	290	290
	フリーキャッシュフロー	356	−68	−21	267	415	635	310
財務収支	新規借入金				0			
	その他				0			
	財務収入　合計	0	0	0	0	0	0	0
	借入金返済	166	286	286	738	286	286	286
	固定資産　取得				0			
	その他				0			
	財務支出　合計	166	286	286	738	286	286	286
	財務収支差額	−166	−286	−286	−738	−286	−286	−286
総合収支	総合資金収支差額	190	−354	−307	−471	129	349	24
	前月末　現金預金残高	5,542	5,732	5,378		5,071	5,200	5,549
	当月末　現金預金残高	5,732	5,378	5,071		5,200	5,549	5,573

① 持ち帰り、宅配を強化し売上高10％増加　それに伴い買掛金の支払いも訂正

② 役員報酬をさらに月100千円減額

③ 支払家賃を交渉の結果、月100千円減額してもらう。その結果「その他の販売管理費」は月1,000千円に

④ 上記シミュレーションには無いが、念のため新規借入も検討

★エクセルデータをダウンロードいただけます（194ページ参照）。

（2022年 3月期）　　　　　　　　　　　　　　　　　　　　　　　（単位　千円）

中間計	10月	11月	12月	第三四半期	1月	2月	3月	合計
17,858	2,979	2,904	3,630	27,371	2,758	2,613	3,049	35,791
3,993	660	660	792	6,105	594	528	726	7,953
0				0				0
0				0				0
21,851	3,639	3,564	4,422	33,476	3,352	3,141	3,775	43,744
0				0				0
6,616	1,069	1,091	1,069	9,845	1,326	1,005	942	13,118
0				0				0
6,616	1,069	1,091	1,069	9,845	1,326	1,005	942	13,118
15,235	2,570	2,473	3,353	23,631	2,026	2,136	2,833	30,626
4,200	700	700	700	6,300	700	700	700	8,400
1,800	300	300	300	2,700	300	300	300	3,600
0				0				0
−1,170	−195	−195	−195	−1,755	−195	−195	−195	−2,340
6,000	1,000	1,000	1,000	9,000	1,000	1,000	1,000	12,000
−600	−100	−100	−100	−900	−100	−100	−100	−1,200
0				0				0
570	95	95	95	855	95	95	95	1,140
10,800	1,800	1,800	1,800	16,200	1,800	1,800	1,800	21,600
2,577	480	383	1,263	4,703	−64	46	743	5,428
4,435	770	673	1,553	7,431	226	336	1,033	9,026
0				0				0
0				0				0
0				0				0
120	20	20	20	180	20	20	20	240
0				0				0
−120	−20	−20	−20	−180	−20	−20	−20	−240
70				70				70
760		760		1,520				1,520
540	90	90	90	810	90	90	90	1,080
1,318	200	200	200	1,918	200	200	200	2,518
2,688	290	1,050	290	4,318	290	290	290	5,188
1,627	460	−397	1,243	2,933	−84	26	723	3,598
0				0				0
0				0				0
0	0	0	0	0	0	0	0	0
1,596	286	286	286	2,454	286	286	286	3,312
0				0				0
0				0				0
1,596	286	286	286	2,454	286	286	286	3,312
−1,596	−286	−286	−286	−2,454	−286	−286	−286	−3,312
31	174	−683	957	479	−370	−260	437	286
	5,573	5,747	5,064		6,021	5,651	5,391	
	5,747	5,064	6,021		5,651	5,391	5,828	

［資金繰り予測表№. 6　金融機関提出用］

		4月	5月	6月	第一四半期	7月	8月	9月
営業収支	売上高							
	現金売上	2,904	3,267	2,758	8,929	2,904	3,121	2,904
	売掛金回収	726	726	528	1,980	660	693	660
	手形期日落				0			
	手形割引				0			
	売上代金合計	3,630	3,993	3,286	10,909	3,564	3,814	3,564
	仕入高							
	現金仕入				0			
	買掛金支払	1,132	1,089	1,197	3,418	985	1,069	1,144
	手形決済				0			
	仕入代金合計	1,132	1,089	1,197	3,418	985	1,069	1,144
	売上総利益	2,498	2,904	2,089	7,491	2,579	2,745	2,420
	販売費及び一般管理費							
	役員報酬	700	700	700	2,100	700	700	700
	給与手当	300	300	300	900	300	300	300
	賞与手当				0			
	社会保険他　預り金（−）	−195	−195	−195	−585	−195	−195	−195
	その他の販売管理費	1,000	1,000	1,500	3,500	1,020	1,020	1,020
	減価償却費（−）	−100	−100	−100	−300	−100	−100	−100
	引当金繰入（−）				0			
	消　費　税（+）	95	95	140	330	100	100	100
	販売費及び一般管理費合計	1,800	1,800	2,345	5,945	1,825	1,825	1,825
	（参考）社会保険他控除　営業収支差額	376	782	−546	612	410	630	305
	営業収支差額	698	1,104	−256	1,546	754	920	595
営業外収支	営業外収入							
	受取利息・配当金				0			
	雑収入　その他				0			
	営業外支出				0			
	支払利息・割引料	20	28	28	76	28	28	28
	その他				0			
	営業外収支差額	−20	−28	−28	−76	−28	−28	−28
税金・社会保険	法人税・住民税・事業税		70		70			
	消費税		760		760			
	源泉所得税　住民税	90	90	90	270	90	90	90
	社会保険料　労働保険料他	232	232	200	664	254	200	200
	税金・社会保険他　合計	322	1,152	290	1,764	344	290	290
	フリーキャッシュフロー	356	−76	−574	−294	382	602	277
財務収支	新規借入金	10,000			10,000			
	その他				0			
	財務収入　合計	10,000	0	0	10,000	0	0	0
	借入金返済	166	286	286	738	286	286	286
	固定資産　取得			3,500	3,500			
	その他				0			
	財務支出　合計	166	3,786	286	4,238	286	286	286
	財務収支差額	9,834	−3,786	−286	5,762	−286	−286	−286
総合収支	総合資金収支差額	10,190	−3,862	−860	5,468	96	316	−9
	前月末　現金預金残高	5,542	15,732	11,870		11,010	11,106	11,422
	当月末　現金預金残高	15,732	11,870	11,010		11,106	11,422	11,413

① 6月　HP、チラシ作成費用を500千円　その他の販売管理費に計上
② 7月以降、持ち帰り容器代など20千円　その他の販売管理費に計上
③ 4月　新規借入金　10,000千円　5月　固定資産取得　3,500千円を計上
④ 新規の固定資産の減価償却費見積もりは、資金繰り予測表では行っていないので省略

★エクセルデータをダウンロードいただけます（194ページ参照）。

(2022年3月期)　　　　　　　　　　　　　　　　　　　　　　　（単位　千円）

中間計	10月	11月	12月	第三四半期	1月	2月	3月	合計
17,858	2,979	2,904	3,630	27,371	2,758	2,613	3,049	35,791
3,993	660	660	792	6,105	594	528	726	7,953
0				0				0
0				0				0
21,851	3,639	3,564	4,422	33,476	3,352	3,141	3,775	43,744
0				0				0
6,616	1,069	1,091	1,069	9,845	1,326	1,005	942	13,118
0				0				0
6,616	1,069	1,091	1,069	9,845	1,326	1,005	942	13,118
15,235	2,570	2,473	3,353	23,631	2,026	2,136	2,833	30,626
4,200	700	700	700	6,300	700	700	700	8,400
1,800	300	300	300	2,700	300	300	300	3,600
0				0				0
−1,170	−195	−195	−195	−1,755	−195	−195	−195	−2,340
6,560	1,020	1,020	1,020	9,620	1,020	1,020	1,020	12,680
−600	−100	−100	−100	−900	−100	−100	−100	−1,200
0				0				0
630	100	100	100	930	100	100	100	1,230
11,420	1,825	1,825	1,825	16,895	1,825	1,825	1,825	22,370
1,957	455	358	1,238	4,008	−89	21	718	4,658
3,815	745	648	1,528	6,736	201	311	1,008	8,256
0				0				0
0				0				0
0				0				0
160	28	28	28	244	28	28	28	328
0				0				0
−160	−28	−28	−28	−244	−28	−28	−28	−328
70				70				70
760		760		1,520				1,520
540	90	90	90	810	90	90	90	1,080
1,318	200	200	200	1,918	200	200	200	2,518
2,688	290	1,050	290	4,318	290	290	290	5,188
967	427	−430	1,210	2,174	−117	−7	690	2,740
10,000				10,000				10,000
0				0				0
10,000	0	0	0	10,000	0	0	0	10,000
1,596	286	286	286	2,454	286	286	286	3,312
3,500				3,500				3,500
0				0				0
5,096	286	286	286	5,954	286	286	286	6,812
4,904	−286	−286	−286	4,046	−286	−286	−286	3,188
5,871	141	−716	924	6,220	−403	−293	404	5,928
	11,413	11,554	10,838		11,762	11,359	11,066	
	11,554	10,838	11,762		11,359	11,066	11,470	

（参考）融資依頼書兼経営計画書

1．融資依頼書

融資希望金額	10,000,000円
希望金利	年利1％以下
融資希望日	2020年12月1日
希望返済期間、据え置き期間	10年　据え置き期間2年
資金使途	持ち帰り・宅配用　バイクの購入 店舗改装（感染防止対策含む） 持ち帰り・宅配PR用HP、チラシの作成 持ち帰り容器等　準備費用 コロナウィルス感染症による売上減少に必要な運転資金の確保
返済財源	資金繰り予測表の通り返済（2022年3月期） コロナウィルス感染症終息後は、業績回復が予想されるので毎月の利益より返済
融資効果	倒産（廃業）の防止　雇用の確保

2．経営計画書

経営をとりまく 現在の経済環境	（業界の動向） 　コロナウィルス感染症の緊急事態宣言、それに続く自粛ムードで来店客が減少、業界全体の売上が落ち込んでいる。 （当社の売上） 　2020年4月、5月は緊急事態宣言のため60％減、7月以降少し持ち直したものの東京都の深夜営業自粛の影響により40％減で推移している。 （予想売上と正常化の時期） 　2021年もコロナウィルス感染症が続くと同様の売上減が続くと予想されるが、持ち帰りと宅配により10％の売上増加を達成したい。 　正常化時期は、ワクチンや治療薬の開発でコロナウィルス感染症が終息した時になるが、万一この状況が続いたとしても経営が継続できる体制を整えたい。

必要資金内訳	宅配バイク　2台　　　　50万円 店舗改装・備品購入　　300万円 持ち帰り・宅配PR　HP作成チラシ作成　50万円 持ち帰り容器など予備費　　50万円 売上減少による運転資金予備費　　550万円
2022年3月決算の見通し	2022年3月までコロナウィルス感染症が終息しない場合でも添付の「資金繰り予測表」の通り、2022年3月末のフリーキャッシュフローは2,740千円のプラスを達成できる見込みです。
業績回復のための 具体的対策	（売上増加対策） ・持ち帰り、宅配メニューの充実 ・HPの告知、チラシ配布、来店客へのPRなどで持ち帰り宅配を広く認知してもらう ・消毒液の用意、従業員のマスク、フェースガードの着用、お客様同士のソーシャルディスタンスの確保など「コロナウィルス感染症の防止対策をしっかり行っていることをお客様に知ってもらい、安心して来店してもらえる環境を整備する （経費削減策） ・2020年3月決算の役員報酬よりも月30万円減額 ・持ち帰り、宅配事業が軌道に乗るまでアルバイト・パートは必要最小限の人員で行う。また従業員の賞与もそれまで停止する ・家賃を月10万円減少してもらうなど、2020年3月決算より「販売管理費」を月20万円削減 ・店舗メニューで人気のないものを取りやめ、食材比率の減少を目指す（ただし、資金繰り予測表には反映していません）

○エクセルシートサンプルのダウンロード

　本書内で紹介しているエクセルシートのサンプルデータ（数値入り、一部フォーム）をダウンロードいただけます。

> **URL：https://www.zeiken.co.jp/lp/CF2592/**

※　サンプルデータの使用方法に関するサポートは行っておりません。

※　サンプルデータを使用する前にウイルスチェックを行うことをお勧めします。

※　サンプルデータは、細心の注意を払い動作を確認しておりますが、ご使用の環境などによっては正常に動作しない場合があります。

※　サンプルデータは Excel2007以降のバージョンでご利用ください。

※　サンプルデータの再配布はしないでください。

※　サンプルデータの使用結果について、著者及び株式会社税務研究会は一切の責任を負いかねますのでご了承ください。

※　本サイトは予告なく終了する可能性がありますので、ご了承ください。

〈著者紹介〉

松田　修（まつだ　おさむ）

税理士松田会計事務所所長
昭和61年税理士試験合格。
村田簿記学校講師（法人税法・簿記論担当）を経て、税務会計のプロ集団
「辻会計事務所（現辻・本郷税理士法人）」に入所。
平成5年税理士松田会計事務所設立。
現在、簿記・税務・会計の専門スクール「麻布ブレインズ・スクール」の代
表を務めるほか、各種実務セミナー講師として活躍中。

【主な著書】
『Q&Aで基礎からわかる固定資産をめぐる会計・税務』『［実務入門］Q&A
国際税務と海外勤務者・非居住者の税金』『経理担当者のための税務知識の
ポイント』『挫折しない簿記入門』（以上、清文社）、『はじめてわかった決算
書プロのコツ』『勝つ会社プロのコツ』（以上、リイド社）、『会社のお金がと
ぎれない！　社長の「現ナマ」経営』（すばる舎リンケージ）など多数。

麻布ブレインズ・スクールでは、経理担当
者のスキルアップのために「プロ経理養成講
座」の動画を公開しています。以下のホーム
ページから無料でご視聴いただけます。

http://www.azabu-brains.co.jp/

いまこそ再認識！資金繰りとキャッシュフロー

令和 2 年12月15日　　初版第 1 刷発行
令和 6 年 6 月18日　　初版第 5 刷発行

（著者承認検印省略）

Ⓒ　著 者　松 田　修
　　発行所　税 務 研 究 会 出 版 局
　　　　　　　　週 刊 「税務通信」「経営財務」 発行所
　　代表者　山 根　毅
　　〒100-0005
　　東京都千代田区丸の内1-8-2　鉄鋼ビルディング
　　https://www.zeiken.co.jp

乱丁・落丁の場合は、お取替え致します。　　　印刷・製本　三松堂株式会社
ISBN978-4-7931-2592-8